Bezerra *de* Menezes

Ontem e Hoje

"A Federação Espírita Brasileira lhe deve tudo. Se ainda hoje existe, é graças aos seus esforços: como homem, colocado em sua presidência, traçando-lhe o roteiro de que os seus saudosos auxiliares e continuadores tomavam consigo mesmos o compromisso de jamais se afastarem; como Espírito, agindo — que sabemos nós? — por todas as formas possíveis de atividade, quer assistindo e inspirando os modestos operários a quem transferiu a sua tarefa, quer encaminhando, com o auxílio de misteriosas e salutares influências, para a nossa sociedade grande número daqueles que a podem e devem sustentar. Ele é assim para nós, ao lado dos nossos invisíveis protetores espirituais, uma espécie de anjo tutelar."

EXTRAÍDO DE *REFORMADOR* DE MAIO DE 1907, P. 147
— SEÇÃO "ECOS E FATOS".

Bezerra *de* Menezes

Ontem e Hoje

*

Na preparação e organização desta obra, sob a coordenação de Juvanir Borges de Souza, colaboraram as seguintes pessoas da Equipe da FEB:

- Maria Alves da Silva
- Affonso Borges Gallego Soares
- Geraldo Campetti Sobrinho
- Zêus Wantuil
- Marta Antunes de Moura

FEB

4ª edição – 6ª impressão – 2,5 mil exemplares – 9/2016

ISBN 978-85-7328-594-9

FEDERAÇÃO ESPÍRITA BRASILEIRA – FEB
Av. L2 Norte – Q. 603 – Conjunto F (SGAN)
70830-106 – Brasília (DF) – Brasil
www.febeditora.com.br
editorial@febnet.org.br
+55 61 2101 6198

Pedidos de livros à FEB
Gerência comercial
Tel.: (61) 2101 6168/6177 – comercialfeb@febnet.org.br

Dados Internacionais de Catalogação na Publicação (CIP)
(Federação Espírita Brasileira – Biblioteca de Obras Raras)

S729b Souza, Juvanir Borges de (Coord.), 1916–2010

Bezerra de Menezes: ontem e hoje / Coordenação de Juvanir Borges de Souza. – 4. ed. – 6. imp. – Brasília: FEB, 2016.

300 p.; 21 cm

ISBN 978-85-7328-594-9

1. Menezes, Adolfo Bezerra de, 1831–1900. 2. Menezes, Bezerra de (Espírito). 3. Espiritismo. I. Federação Espírita Brasileira. II. Título.

CDD 133.9
CDU 133.7
CDE 90.02.00

Sumário

Nova edição revisada e atualizada 9
À guisa de apresentação 11
Ismael e Bezerra 15

PRIMEIRA PARTE
ARTIGOS DE BEZERRA DE MENEZES
PUBLICADOS EM *REFORMADOR*

1 – Uma obsessão 21
2 – Evolução religiosa de Bezerra de Menezes 25
3 – Bezerra e a união dos espíritas 37
4 – A verdadeira propaganda 41
5 – Clama, não cesses 43

SEGUNDA PARTE
ARTIGOS SOBRE BEZERRA DE MENEZES

1 – Bezerra de Menezes, o desenlace 51
2 – Homenagens da imprensa 59
3 – Bezerra de Menezes e Artur Azevedo 67
4 – Bezerra de Menezes — centenário de desencarnação 71

TERCEIRA PARTE
DITADOS MEDIÚNICOS DO ESPÍRITO
BEZERRA DE MENEZES

1 – Unificação 97

2 – União com Jesus 101

3 – O programa da FEB 103

4 – Provações 107

5 – Orar e vigiar 109

6 – Os benefícios da Doutrina Espírita 111

7 – Misericórdia divina 115

8 – Provações reencarnatórias 117

9 – Estudo e vivência do Evangelho 121

10 – Continuidade do trabalho espírita 125

11 – Perseguidores 129

12 – União dos espíritas 133

13 – Mensagem fraternal 135

14 – Renúncia 139

15 – Aos pais de família 145

16 – Divulgação espírita 151

17 – Unificação paulatina, união imediata, trabalho incessante ... 155

18 – Tempo de luz 159

19 – Casa de amor 163

20 – Amar e instruir 167

21 – "Nossa Casa permanece a barca conduzida por Ismael" 171

22 – Perseverança 175

23 – O Brasil e a sua missão histórica de "Coração do mundo e pátria do Evangelho" 181
24 – O tríplice aspecto da Doutrina Espírita 187
25 – O trabalho espírita da paz 189
26 – Lembrança oportuna 193
27 – Rogativa a Jesus 197
28 – Primado do amor 201
29 – Mensagem de estímulo e fé 205
30 – Novos desafios 209
31 – Não temer adversários 213
32 – Nada pode deter a marcha da Doutrina Espírita 217
33 – União dos espíritas 223
34 – Espiritismo e Evangelho 229
35 – União dos espíritos 233
36 – No amanhecer de uma Era Nova 237
37 – Na transição do milênio 241
38 – Fidelidade a Jesus e a Kardec 247
39 – Arai e semeai 253
40 – Compromisso com a fé espírita 257
41 – Brilhe a vossa luz 263
42 – Jesus, sol de primeira grandeza 267
43 – Convite à luta 269
44 – Prosseguimento na luta 271
45 – Oração 277
46 – O sal da Terra 281
47 – Vivência do amor 287

48 – Instalação da Era Nova 291

49 – Conquistas e responsabilidades 293

50 – Sem adiamentos 297

Registros bibliográficos de outras atividades desenvolvidas por Bezerra de Menezes 301

Nova edição revisada e atualizada[*]

A obra *Bezerra de Menezes, ontem e hoje* representa um resgate histórico das idéias espíritas que norteiam o pensamento do venerável Espírito Bezerra de Menezes no que se refere, em especial, às diretrizes do processo de união dos espíritas e de unificação do movimento espírita, em nosso país e alhures.

Os artigos que integram este livro, escritos pelo próprio punho do benfeitor quando ele ainda se encontrava encarnado, ou transmitidos pela sensibilidade mediúnica de devotados médiuns, refletem, de um lado a admirável fidelidade ao Programa traçado por Ismael, e, de outro o empenho contínuo de reviver os ensinos de Jesus à luz da Doutrina Espírita codificada por Allan Kardec.

A presente edição traz nova formatação gráfica e visual: reposicionamento e destaque de conteúdos, inclusão de notas de rodapé, inserção de título nas mensagens desprovidas deste e inclusão de novas mensagens mediúnicas transmitidas até o ano de 2007. O conteúdo está distribuído em três partes fundamentais, assim especificadas:

- Primeira parte – Artigos de Bezerra de Menezes publicados em *Reformador*

---

* N.E.: O texto da presente obra foi revisado e atualizado conforme as normas ortográficas e os padrões editoriais vigentes à época de edição (2008).

- Segunda parte – Artigos sobre Bezerra de Menezes
- Terceira parte – Ditados mediúnicos do Espírito Bezerra de Menezes

Consta também, ao final do livro, um item denominado *Registros bibliográficos de outras atividades desenvolvidas por Bezerra de Menezes*, que contém informações de alguns Espíritos, encarnados e desencarnados, sobre o trabalho que Bezerra vem realizando no plano espiritual desde a sua desencarnação em 11 abril de 1900.

Guardando a sincera esperança de que os confrades espíritas e não-espíritas sejam inspirados pela leitura das edificantes mensagens que compõem esta obra, agradecemos a este iluminado servidor de Jesus os benefícios que nos tem concedido, através do seu amparo e dos seus exemplos de amor ao próximo.

NESTOR JOÃO MASOTTI
Presidente da Federação Espírita Brasileira

Brasília (DF), 4 de novembro de 2008.

À guisa de apresentação

Completam-se, nesta data, cem anos da desencarnação de Adolfo Bezerra de Menezes, o mais proeminente vulto do Movimento Espírita Brasileiro, tanto pela amplitude, gravidade e conseqüências de suas iniciativas em prol da união dos espíritas e da unificação do Movimento Espírita, nos tempos pioneiros, principalmente no exercício da presidência da Casa de Ismael, quanto por sua ininterrupta, incansável atividade em favor dos pequeninos, dos deserdados, dos aflitos de toda natureza, em nome da caridade.

É, sem dúvida, pelos inconfundíveis traços de sua luminosa personalidade que ele ficou justamente conhecido, em nossos círculos, como "Médico dos pobres".

As revelações em torno desse bondoso Espírito o apontam como um dos diretores espirituais da Seara do Mestre em nossa terra, e, nessa condição, ele tem prosseguido a sua obra após a desencarnação, invariavelmente fiel à missão que o próprio Jesus lhe confiou numa assembléia realizada no Infinito sob a direção de Ismael, o Anjo do Senhor.[1]

Assim é que, como Espírito, Bezerra de Menezes se tem desvelado no exercício da caridade e da humildade, aqui conclamando os adeptos à união fraterna, ali levantando os que

---

[1] XAVIER, Francisco Cândido. *Brasil, coração do mundo, pátria do Evangelho*. Por Humberto de Campos, cap. 22.

tombam, curvados sob o peso das ásperas provações terrenas, acolá encaminhando Espíritos endurecidos no erro para a regeneração, a todos dando o exemplo da abnegação, do devotamento, da mansidão, da benevolência, da indulgência, do perdão como únicas vias da felicidade.

A Federação Espírita Brasileira, como justa reverência ao eminente Servo do Senhor, dá a público o presente volume que enfeixa uma seleta de seus escritos, em vida física e na liberdade da vida espiritual, bem como de algumas produções com que encarnados e desencarnados lhe têm homenageado a memória.

Inobstante a existência das excelentes obras *Vida e obra de Bezerra de Menezes*, de Sylvio Brito Soares, *Grandes espíritas do Brasil*, de Zêus Wantuil, e *Allan Kardec* (Pesquisa biobibliográfica e ensaios de interpretação), de Francisco Thiesen e Zêus Wantuil, todas de nossa edição, em que se encontram ricas informações sobre Bezerra de Menezes, impunha-se disponibilizar o valioso material que compõe este livro, o qual, por se achar esparso em coleções de *Reformador*[2] e em livros diversos de edição da FEB, tornava dificultoso o seu conhecimento, tanto ao leitor comum como ao pesquisador. O centenário de desencarnação do honorável missionário propiciou-nos o ensejo para concretizarmos o desiderato.

Cremos que, com a presente publicação, estamos servindo aos altos propósitos da atuação daquele venerável apóstolo do Espiritismo no Brasil, relembrando aos adeptos, pela reapresentação de seus escritos, os critérios por excelência para a boa prática da Doutrina, critérios que os espíritas sé-

---

[2] Periódico mensal da Federação Espírita Brasileira, fundado por Elias Augusto da Silva, em 21 de janeiro de 1883.

rios e conscientes vêem resumidos nas grandiosas divisas e exortações: "Amai-vos uns aos outros" — "Fora da Caridade não há salvação" — "Trabalho, Solidariedade, Tolerância" — "Mas o maior dentre vós será vosso servo" — "Deus, Cristo, Caridade". Elas efetivamente nortearam os passos de Bezerra de Menezes. Seguindo-as, asseguraremos ao Movimento, às nossas vidas, à sociedade, a todas as nossas construções, morais e materiais, a solidez que as tornará imunes contra as insidiosas arremetidas das paixões inferiores com todo o séquito de seus deploráveis prejuízos.

A Editora
Rio de Janeiro, 11 de abril de 2000.

Ismael e Bezerra

As abnegadas coortes de Ismael trazem as suas inspirações para as grandes cidades do país do Cruzeiro, conseguindo interessar indiretamente grande número de estudiosos. [...]

Antes dessa época, quando prestes a findar o Primeiro Reinado [1822-1831], Ismael reúne no Espaço os seus dedicados companheiros de luta e, organizada a venerável assembléia, o grande mensageiro do Senhor esclarece a todos sobre os seus elevados objetivos.

> — Irmãos — expôs ele — o século atual, como sabeis, vai ser assinalado pelo advento do Consolador à face da Terra. Nestes cem anos se efetuarão os grandes movimentos preparatórios dos outros cem anos que hão de vir. As rajadas de morticínio e de dor avassalarão a alma da Humanidade, no século próximo, dentro dos imperativos das transições necessárias, que serão o sinal do fim da civilização precária do Ocidente. Faz-se mister amparemos o coração atormentado dos homens nessas grandes amarguras, preparando-lhes o caminho da purificação espiritual, através das sendas penosas. É preciso, pois, preparemos o terreno para a sua estabilidade moral nesses instantes decisivos dos seus destinos. Numerosas fileiras de missionários encontram-se disseminadas entre as nações da Terra, com o fim de levantar a palavra da Boa Nova do Senhor, esclarecendo os postulados científicos que surgirão neste século, nos círculos da cultura terrestre. Uma verdadeira renascença das filosofias e das ciências se

verificará no transcurso destes anos, a fim de que o século XX seja devidamente esclarecido, como elemento de ligação entre a civilização em vias de desaparecer e a civilização do futuro, que assentará na fraternidade e na justiça, porque a morte do mundo, prevista na Lei e nos Profetas, não se verificará por enquanto, com referência à constituição física do globo, mas quanto às suas expressões morais, sociais e políticas. A civilização armada terá de perecer, para que os homens se amem como irmãos. Concentraremos, agora, os nossos esforços na terra do Evangelho, para que possamos plantar no coração de seus filhos as sementes benditas que, mais tarde, frutificarão no solo abençoado do Cruzeiro. Se as verdades novas devem surgir primeiramente, segundo os imperativos da Lei natural, nos centros culturais do Velho Mundo, é na Pátria do Evangelho que lhes vamos dar vida, aplicando-as na edificação dos monumentos triunfais do Salvador. Alguns dos nossos auxiliares já se encontram na Terra, esperando o toque de reunir de nossas falanges de trabalhadores devotados, sob a direção compassiva e misericordiosa do Divino Mestre.

Houve na alocução de Ismael uma breve pausa.

Depois, encaminhando-se para um dos dedicados e fiéis discípulos, falou-lhe assim:

— Descerás às lutas terrestres com o objetivo de concentrar as nossas energias no país do Cruzeiro, dirigindo-as para o alvo sagrado dos nossos esforços. Arregimentarás todos os elementos dispersos, com as dedicações do teu Espírito, a fim de que possamos criar o nosso núcleo de atividades espirituais, dentro dos elevados propósitos de reforma e regeneração. Não precisamos encarecer aos teus olhos a delicadeza dessa missão; mas, com a plena observância do código de Jesus e com a nossa assistência espiritual, pulverizarás todos os obstáculos, à força de perseverança e de humildade, consolidando os primórdios de nossa obra, que é a de Jesus no seio da pátria do seu Evangelho. Se a luta vai ser grande, considera que não será menor a compensação do Senhor, que é o Caminho, a Verdade e a Vida.

Havia em toda a assembléia espiritual um divino silêncio. O discípulo escolhido nada pudera responder, com o coração palpitante de doces e esperançosas emoções, mas as lágrimas de reconhecimento lhe caíam copiosamente dos olhos.

Ismael desfraldara a sua bandeira à luz gloriosa do Infinito, salientando-se a sua inscrição divina, que parecia constituir-se de sóis infinitésimos. Uma vibração de esperança e de fé fazia pulsar todos os corações, quando uma voz, terna e compassiva, exclamou das cúpulas radiosas do Ilimitado.

— Glória a Deus nas Alturas e paz na terra aos trabalhadores de boa vontade!

Relâmpagos de luminosidade estranha e misericordiosa clareavam o pensamento de quantos assistiam ao maravilhoso espetáculo, enquanto uma chuva de aromas inundava a atmosfera de perfumes balsâmicos e suavíssimos.

Sob aquela bênção maravilhosa, a grande assembléia dos operários do Bem se dissolveu.

Daí a algum tempo, no dia 29 de agosto de 1831, em Riacho do Sangue, no estado do Ceará, nascia Adolfo Bezerra de Menezes, o grande discípulo de Ismael, que vinha cumprir no Brasil uma elevada missão.

Da obra *Brasil, coração do mundo, pátria do Evangelho*, ditada pelo Espírito Humberto de Campos ao médium Francisco Cândido Xavier, 32. ed. Rio de Janeiro: FEB, 2008, cap. XXII.

I *Artigos de Bezerra de Menezes publicados em* Reformador

1 Uma obsessão

Sr. Redator. — Em dias do mês de fevereiro deste ano, procurou-me uma pobre mulher de meu conhecimento para pedir-me que desse remédio a seu filho, rapaz de 22 anos, há tempos sofrendo de perturbação mental, e ultimamente acometido de verdadeira fúria que assusta toda a família.

Pela história que ela me fez, suspeitei de uma obsessão, e, conforme com este pensamento, disse-lhe que nos trouxesse o doente, visto sair ele à rua.

No dia seguinte, voltou a triste mãe a dizer-me que seu filho recusava-se tenazmente a vir falar comigo.

Subiu de pronto minha suspeita, e reiterei a ordem de me trazer o rapaz na próxima quarta-feira, dia em que havia sessão do grupo Luz e Caridade no lugar onde o mandei vir.

Marquei às 11 horas da manhã para não complicar o meu trabalho com os do grupo e de onde estava impus a minha vontade ao doente para que não deixasse de vir, invocando ao mesmo tempo o auxílio dos bons Espíritos.

No dia e à hora aprazados entrou-me a mulher, dizendo que seu filho, muito constrangido, viera, mas que só o fizera com a condição de não trazer paletó.

Compreendi que seu perseguidor lhe impôs aquela condição para demovê-lo do propósito de obedecer ao meu chamado e fiz entrar a vítima, mesmo em calças e colete.

Reconheci um homem desvairado, que dizia coisas sem nexo e até incompreensíveis.

Examinei-o sobre seus princípios religiosos e vi, com surpresa, que neste ponto não desvairava.

Acreditava em Deus, sem cuja vontade nada faz; na imortalidade da alma, com a responsabilidade por suas obras; enfim era um verdadeiro cristão.

De leve expliquei-lhe a causa de seu mal, que ele reconhecia, e perguntei se lhe repugnava orar a Deus por seu perseguidor.

Respondeu-me que fá-lo-ia de boa vontade, o que me fez crer que seu espírito tinha consciência da justiça com que sofria e levava seus sofrimentos com humilde resignação.

Neste ponto, um médium que entrara, sem que eu o tivesse visto, sofreu tão forte atuação que deu um salto da cadeira, causando-me susto.

Despedi o doente sob promessa de orar todos os dias por seu perseguidor e dirigi ao Espírito que o abordava palavras de moralização.

O médium foi novamente atuado violentamente, dando assim uma prova de que o infeliz procurava, em sua fúria, um instrumento para me repelir.

Não tendo um centro, recomendei ao médium que resistisse e dei por terminado o trabalho.

À tarde, quando se reuniu o grupo, foi o mesmo médium atuado, e disse para mim:

— Vim pagar-te o sermão de hoje de manhã.

Foi tremenda a luta com aquele Espírito, que resistiu a todos os argumentos, escarnecendo quando eu falava em Deus, e declarando ser-lhe impossível deixar o prazer de se vingar do que fora seu algoz noutra existência.

Debalde o bom Romualdo provou-lhe, com um quadro de existência sua passada, que o mal que lhe fez aquele moço já fora em represália de mal igual que ele lhe fizera; e portanto, que o verdadeiro algoz era ele.

Riu e escarneceu do quadro e ficou firme em seu endurecimento.

Romualdo então falou-lhe por um outro médium, dizendo que sua vítima, tendo sofrido resignadamente aquela dura expiação, já merecia a misericórdia do Senhor.

E pois, que ele não queria comparticipar daquele bem, perdoando-lhe, ser-lhe-ia desde ali tirada a vista e a fala, para que nunca mais pudesse alcançar sua vítima e ao mesmo tempo para que sofresse ele a pena de sua ferocidade.

Terminada a sessão, disse-nos Vicente de Paula, guia do grupo, que aquele Espírito era da ordem dos que só com jejum poderiam ser dominados, segundo disse Jesus Cristo.

Passaram-se trinta e tantos dias sem que pudesse eu ter notícia do meu doente.

Em meados de março, veio ele visitar-me e eu senti o mais vivo prazer, verificando que se acha completamente restabelecido, na mais perfeita integridade intelectual.

Quanta moralidade, quanta luz decorrem desta singela observação!

Ela revela-nos a pluralidade de existências no fato de ter sido, a vítima de hoje, o algoz de ontem.

Revela-nos a influência maléfica e, por oposição, a benéfica dos Espíritos desencarnados sobre os encarnados, demonstrando que os demônios não são, bem como os anjos, senão seres humanos, escravos ainda, aqueles de suas paixões, elevados estes a um altíssimo grau de perfeição.

Revela que ninguém sofre nem mais nem por mais tempo do que merece, tanto que o moço obsedado foi libertado do seu obsessor desde que, por sua humildade e resignação no sofrimento, satisfez a Justiça Divina, pagando sua dívida.

Revela que vimos aqui expiar faltas do passado, e que aos endurecidos do Espaço soa a hora de lhe ser tirada a liberdade de fazer mal a seus semelhantes.

Ao demais, o resultado veio provar a verdade de tudo o que se passou na sessão.

Riam, Sr. Redator, deixe que riam dos que acreditam no Espiritismo esses neo-sábios de nossa terra e de outros países, que o dia chegará em que os que hoje são vítimas de seus apodos, não rirão, mas chorarão de sua triste desilusão.

Emprazemo-los para esse dia em que não acreditam, e roguemos a Deus por eles.

EXTRAÍDO DE *REFORMADOR* DE 15-4-1890.

2 Evolução religiosa de Bezerra de Menezes

1) *Que crenças tinha antes de ser espírita?*

Nasci e criei-me, até aos dezoito anos, no seio de uma família tradicionalmente católica, que levava a sua crença até à aceitação de um absurdo, por mais repugnante que fosse, imposto à fé passiva dos crentes, pela Igreja Romana.

Aprendi aquela doutrina e acostumei-me às suas práticas, mas empiricamente, sem procurar a razão da minha crença.

Dois pontos, entretanto, me apareciam luminosos no meio daquela névoa; eram: a existência da alma, responsável por suas obras, e a de Deus, criador da alma e de tudo o que existe.

Ao demais, eu considerava sagrado tudo o que meus pais me ensinavam a crer e a praticar: a religião católica apostólica romana.

Aos dezoito anos, e naquela disposição de espírito, deixei a casa paterna para vir fazer meus estudos na capital do

Império, onde vivi, mesmo no tempo de estudante, sobre mim, sem ter a quem prestar obediência.

Continuei na crença e práticas religiosas, que eu trouxe do berço; mas na convivência com os moços, meus colegas, em sua maior parte livres pensadores: ateus, comecei batendo-me com eles — e acabei concorde com eles, parecendo-me excelso não ter a gente que prestar contas de seus atos.

Não foi difícil esta mudança, pela razão de não ser firmada em fé raciocinada a minha crença católica; mas, apesar disto, a mudança não foi radical, porque nunca pude banir de todo a crença em Deus e na alma.

Houve em mim uma perturbação, de que nasceu a dúvida. Fiquei mais cético do que cristão — e cristão somente por aqueles dois pontos.

Em todo caso, deixei de ser católico — e via os meus dois pontos luminosos por entre as nuvens.

Casei-me com uma moça católica, a quem amava de coração — e sempre respeitei suas crenças, guardando nos seios da minha alma a descrença.

No fim de quatro anos, fui subitamente batido pelo tufão da maior adversidade que me podia sobrevir: minha mulher me foi roubada pela morte, em vinte horas, deixando-me dois filhinhos, um de três anos e outro de um.

Aquele fato produziu-me um abalo físico e moral, de prostrar-me.

As glórias mundanas, que havia conquistado mais por ela do que por mim, tornaram-se-me aborrecidas, senão odiosas — e, como delas, coisas da terra, eu não via nada, nada encontrei que me fosse de lenitivo a tamanha dor.

Sempre gostei de escrever, mas inutilmente tentava fazê-lo, porque no fim de poucas linhas tédio mortal se apoderava de mim.

A leitura foi sempre a minha distração predileta; mas dava-se a este respeito o mesmo que a respeito de escrever: abria um, outro, outro livro sobre Ciência, sobre Literatura, sobre o que quer que fosse, mas não tolerava a leitura de uma página sequer.

Um dia, meu companheiro de consultório trouxe da rua um exemplar da *Bíblia*, do padre Pereira de Figueiredo, entressachado de estampas finíssimas.

Tomei o livro, não para ler, que já não tentava semelhante exercício; mas para ver as estampas, com verdadeira curiosidade infantil.

Passei todas em revista; mas, no fim, senti desejos de ler aquele livro que encerrava minhas perdidas crenças, e que era vergonha para um homem de letras dizer que nunca lera.

Comecei, pois, e esqueci-me a ler o belo livro, até perder a condução para minha casa; e depois que estive nesta, sentia prazer em pensar que voltaria a lê-lo!

Eu mesmo fiquei surpreendido do que se passava em mim!

Li toda a *Bíblia* e, quanto mais lia, mais vontade tinha de continuar, sentindo doce consolação com aquela leitura.

Quando acabei, eu sentia a necessidade de crer, não dessa crença imposta à fé, mas da crença firmada na razão e na consciência.

Onde descobrir-lhe a fonte?

Atirei-me à leitura dos livros sagrados, com ardor, com sede; mas sempre uma falha ao que meu espírito reclamava.

Começaram a aparecer as primeiras notas espíritas no Rio de Janeiro; mas eu repelia semelhante doutrina sem conhecê-la nem de leve! somente porque temia que ela perturbasse a tal ou qual paz que me trouxera ao espírito a minha volta à religião de meus maiores, embora com restrições.

Um colega,[3] porém, tendo traduzido *O Livro dos Espíritos*, de Allan Kardec, fez-me presente de um exemplar, que aceitei, por cortesia.

Deu-mo na cidade, e eu morava na Tijuca, a uma hora de viagem de bonde.

Embarquei com o livro e, não tendo distração para a longa e fastidiosa viagem, disse comigo: ora, adeus! não hei de ir para o inferno por ler isto; e, depois, é ridículo confessar-me ignorante de uma filosofia, quando tenho estudado todas as escolas filosóficas.

Pensando assim, abri o livro e prendi-me a ele, como acontecera com a *Bíblia*.

Lia, mas não encontrava nada que fosse novo para meu espírito, e entretanto tudo aquilo era novo para mim!

Dava-se em mim o que acontece muitas vezes a quem muito lê e que, um dia, encontra uma obra onde depara com idéias que já leu, mas que não sabe em que autor.

Eu já tinha lido ou ouvido tudo o que se acha em *O Livro dos Espíritos*, mas com certeza nunca tinha lido obra alguma espírita e, portanto, me era impossível descobrir onde e quando me fora dado o conhecimento de semelhantes idéias!

Preocupei-me seriamente com este fato que me era maravilhoso e a mim mesmo dizia: parece que eu era espírita inconsciente, ou, como se diz vulgarmente, de nascença, e que todas essas vacilações que sentia meu espírito eram marchas e contramarchas que ele fazia, por descobrir o que lhe era conhecido e, porventura, obrigado a isto.

Eis o que fui e em que crença vivi, até que fui espírita.

---

[3] O colega a quem Bezerra se reporta é Carlos Joaquim Travassos, primeiro tradutor de *O Livro dos Espíritos*; um dos fundadores do Grupo Espírita Confúcio, mais tarde (1884) Federação Espírita Brasileira.

2) Que foi que o convenceu do Espiritismo?

Apesar de convencido da verdade do Espiritismo, eu nunca tinha assistido, nem por mim tentado, a qualquer trabalho experimental, confirmativo sequer da comunicação dos Espíritos.

Tendo sido atacado de dispepsia, que me reduziu a um estado desesperador, sem que me tivesse proporcionado o menor alívio a Medicina oficial, apesar de ter eu recorrido aos primeiros médicos desta capital, resolvi, depois de um tratamento de cinco anos, recorrer a um médium receitista, em quem muito se falava, o Sr. João Gonçalves do Nascimento.

Eu não acreditava nem deixava de acreditar na medicina medianímica, e confesso que propendia mais para a crença de que o tal médium era um especulador.

Em desespero de causa, porém, eu recorreria a ele, mesmo que soubesse ser um curandeiro.

Tentava um recurso desesperado e fazia uma experiência sobre a mediunidade receitista.

Era preciso, porém, visto que se tratava de uma experiência, que eu tomasse todas as cautelas, para que ela me pudesse dar uma convicção fundada.

Combinei com o Dr. Maia de Lacerda, completamente desconhecido do tal médium, ser ele que fizesse pessoalmente a consulta, recomendando-lhe que assistisse ao trabalho do médium enquanto este escrevesse, e pedisse-lhe o papel, logo que acabasse de escrever; porque bem podia ter ele um médico hábil, por detrás do reposteiro, que lhe arranjasse aquelas peças.

É verdade que o médico, não sabendo de quem se tratava, visto que só se dava ao médium o nome de batismo e a idade dos consultantes, não podia adivinhar-lhes os sofrimentos, mas, em todo caso, eu queria ter a certeza de que era exclusivamente do médium, homem completamente ignorante de Medicina, um trabalho sobre Medicina.

O Dr. Lacerda fez como lhe recomendei e trouxe-me o que, a meu respeito, escreveu o médium, que não podia reconhecer-me por meu nome próprio, "Adolfo", não só porque há muitas pessoas com este nome, como porque sou conhecido geralmente por Bezerra de Menezes, e bem poucos dos que não entretêm relações íntimas comigo sabem que me chamo Adolfo.

Tomei o papel, que dizia:

"O teu órgão, meu amigo (era o Espírito que falava ao médium), não é suficiente para satisfazer este consultante, atentas as circunstâncias de sua elevada posição social (eu era membro da Câmara dos Deputados), e principalmente de sua proficiência médica.

Entretanto, como não dispomos de outro, faremos com ele o mais que pudermos.

Vejo no organismo do consultante...": segue uma descrição minuciosa de meus sofrimentos e suas causas determinantes, tão exatos aqueles, quanto perfeitamente fisiológicas estas.

Não posso descrever o abalo que me produziu este fato estupendo!

Segui o tratamento espírita, e o que os mestres da Ciência não conseguiram em cinco anos, Nascimento obteve em três meses.

Em três meses, eu não estava completamente curado; mas estava forte, comia e dormia perfeitamente bem, era um homem válido, em vez de um valetudinário.

Continuei, com toda a confiança, aquele tratamento, e, em menos de um ano, achei-me bom.

Logo após este fato, deu-se o de ser minha segunda mulher condenada como tuberculosa em segundo para terceiro grau, por importantes médicos, e dizer Nascimento, a quem consultei, com as precisas cautelas para ele não saber de quem se tratava:

"Enganam-se os médicos que diagnosticaram tuberculose (quem lhe disse que os médicos haviam feito tal diagnóstico?).

Esta doente não tem tubérculo algum. Seu sofrimento é puramente uterino e, se for convenientemente tratada, será curada.

Se os médicos soubessem a relação que existe entre o útero, o coração e o pulmão esquerdo, não cometeriam erros como este".

Sujeitei a minha doente, que já tinha febres, suores e todos os sinais da tísica em grau avançado, ao tratamento espírita, e em poucos meses tudo aquilo desapareceu, e já são decorridos dez anos, durante os quais ela tem tido e criado quatro filhos, sem mais sentir nenhum incômodo nos pulmões.

Como resistir à evidência de fatos tais?

Depois deles comecei as investigações experimentais sobre os vários pontos de doutrina, e posso afirmar, daqui, que tenho verificado quanto é permitido ao homem alcançar, em certeza, a perfeita exatidão de todos os princípios fundamentais do Espiritismo.

Não cabe num trabalho desta ordem referir o resultado experimental alcançado sobre cada um, e por isto me limito a dizer:

O Espiritismo é para mim uma ciência, cujos postulados são demonstrados tão perfeitamente como se demonstra o peso de um corpo.

3) Que fato de sua experiência mais o impressionou?

Nada me impressionou mais do que ver um homem, sem conhecimentos médicos e até sem instrução regular, discorrer sobre moléstias, com proficiência anatômica e fisiológica, sem claudicar, como bem poucos médicos o podem fazer.

Mais do que isto, porém, é, para impressionar, ver dizer de um indivíduo, que não se conhece, que não se examina, de quem não se colhem comemorativos, e não se sabe senão que ele se chama Pedro ou Paulo e tem tantos anos de idade — dizer, em tais condições, que sofre de tais moléstias, com tais e tais complicações, por tais e tais causas, e confirmar o diagnóstico pelo resultado eficaz do tratamento aplicado naquele sentido.

Tive, porém, de minha experiência pessoal, um fato que muito me impressionou.

Eu estava em tratamento com o médium receitista, Gonçalves do Nascimento, e este costumava mandar-me os vidros, logo que eu acabava uma prescrição, por um primo meu, estudante de preparatórios, que morava em minha casa, na Tijuca, a uma hora de viagem da cidade.

Meu primo costumava, sempre que me trazia os remédios (homeopáticos) da casa do Nascimento, entregar-me os vidros em mão, e nunca, durante três meses que já durava meu tratamento, me trouxe do médium recado por escrito, senão simplesmente os vidros de remédio, tendo no rótulo a indicação do modo como devia ser tomado.

Um dia, deixei de ir à Câmara dos Deputados, de que fazia parte, e, pelas duas horas da tarde, passeava, na varanda, lendo uma obra que me tinha chegado de novo, quando me apareceu um vizinho, o Sr. Andrade Pinheiro, filho do Presidente da Relação de Lisboa, e moço de inteligência bem cultivada.

O Sr. Pinheiro não conhecia o Espiritismo, senão de conversa, e como eu fazia experiência em mim, ele aproveitava a minha experiência para fazer juízo sobre a verdade ou falsidade da nova Doutrina.

Depois dos primeiros cumprimentos, perguntou-me como ia eu com o tratamento espírita.

Respondi-lhe nestas palavras: "estou bom; sinto apenas uma dorzinha nos quadris e uma fraqueza nas coxas, como quem está cansado de andar muito".

Conversamos sobre o fato de minha cura em três meses, quando nada alcancei com a Medicina oficial, em cinco anos, e passamos a outros assuntos, até que, uma hora pouco mais ou menos depois, entrou meu primo com os vidros de remédios e com um bilhete, escrito a lápis, que me mandava Nascimento, e que dizia:

"Não, meu amigo, não estás bom como pensas.

Esta dor nos quadris, que acusas, esta fraqueza das coxas, são a prova de que a moléstia não está de todo debelada.

És médico e sabes que muitas vezes elas parecem combatidas, mas fazem erupções, porventura perigosas.

Tua vida é necessária; continua teu tratamento".

É fácil compreender a surpresa, a admiração, o abalo profundo que produziu na minha alma um fato tão fora de tudo o que tinha visto em minha vida.

Repetiram-me, da cidade, textualmente, as minhas palavras, como só poderia fazer quem estivesse ao alcance de ouvi-las!

Efetivamente, calculado o tempo que leva o bonde da casa de Nascimento à minha, reconhecemos, eu e Pinheiro, que aquela resposta me fora dada, na cidade, precisamente à hora em que eu respondia, na Tijuca, à interpelação do meu visitante.

Pode haver fatos mais importantes no domínio do Espiritismo; eu, porém, não tive ainda nenhum que me impressionasse como este, e, atendendo-se ao tempo em que ele se deu: quando eu estava sujeitando à prova experimental a nova Doutrina, compreende-se que impressão poderia causar-me.

Creio que se eu fosse ainda um incrédulo, desses que fecham os olhos para não ver, ainda assim não poderia resistir à impressão que me causou semelhante fato.

Saulo não teve, mais do que eu teria, razão para fazer-se Paulo.

4) Acarretaram-lhe as novas opiniões alguma influência física ou moral?

Influência física, nenhuma senti; porém moralmente sou outro homem.

Minha alma encontrou finalmente onde pousar, tendo deixado os espaços agitados pelo vendaval da descrença, da dúvida, do ceticismo que devasta, que esteriliza, que calcina, se assim me posso exprimir, recordando as torturas de quem sente a necessidade de crer, mas não encontra onde assentar sua crença.

E não encontrava onde assentar minha crença, porque o ensino de Jesus — que uma força intrínseca, uma disposição psíquica me levaram a procurar, como o nauta perdido na vastidão dos mares procura o Norte — me era oferecido sob um aspecto impossível de acomodar-se com um sentimento íntimo, intuitivo, exato, que me desse a razão e a consciência de ali estar a verdade; mas a verdade não é aquilo.

Ah! a Igreja Romana! a Igreja Romana!

O Cristianismo nunca terá tão formidável inimigo! O materialismo nunca terá aliado tão prestimoso!

Eu já disse como, antes de aceitar o Espiritismo, vivi a fugir de toda crença religiosa, por não poder aceitar uma que se impõe à fé por decreto de seus ministros, e a ser arrastado para essa mesma crença, que não podia aceitar, como se mão amiga me arrastasse para o cascalho, dentro do qual estava incrustado o brilhante.

Eu já disse como me abracei com o cascalho para não rolar no abismo da descrença, e como aquela mão me impeliu para ele, quebrou-o a meus olhos, e me fez patente o brilhante nele contido.

Minha alma encontrou finalmente onde pousar!

Posso dizer o meu — credo — espírita, com aplauso de minha consciência, e não por força de uma autoridade que se arroga o direito de impor a fé!

Nestas condições, tendo encontrado a linfa que me saciou a sede de crer, posso ser mais o que era antes?

A moral cristã, iluminada pelos inefáveis princípios do Espiritismo, não pode deixar de modificar, para melhor, a quem a cultiva não somente por dever, mas também e principalmente por nela ter encontrado a paz do espírito!

Não sou, por minha fraqueza, o que ela deve fazer do coração humano, não me posso julgar, sem incorrer em orgulho ou falsa modéstia; mas posso assegurar que já compreendo os meus deveres para com Deus, para com os meus semelhantes, de um modo diverso, acentuadamente mais elevado, que antes de ser espírita.

Julgo, pois, que me é lícito dizer, respondendo ao 4º quesito do inquérito aberto pela Federação Espírita Brasileira:

Sim; acarretaram para mim, as minhas novas opiniões, sensível modificação moral.

E, para confirmá-lo, basta consignar este fato:

Antes de ser espírita, só o pensar em perder um filho, fazia-me mentalmente blasfemar, punha-me louco.

Depois de espírita, tendo perdido quatro filhos adorados, e depois de criados, louvando e agradecendo ao Pai de amor ter provado, por aquele modo, minha obediência a seus sacrossantos decretos.

ADOLFO BEZERRA DE MENEZES
Rio de Janeiro, 15 de outubro de 1892.

EXTRAÍDO DE *REFORMADOR* DE 1892.

3 Bezerra e a união dos espíritas

"O mundo caminha", disse o Mestre, "os povos de todas as raças se desenvolvem nos ramos da nossa Doutrina, caminhando para o progresso. O Espírito da Verdade, presidindo a todos os centros, dando a cada um segundo as suas aptidões e seu desenvolvimento moral, trabalha incessantemente pelo maior resplendor da luz espírita, pelo aperfeiçoamento do homem, completando desta sorte a promessa de há dezenove séculos.

Nesse trabalho santo, nesse labor constante, não ficastes esquecidos. Também a vós foi distribuída uma tarefa, de tanto maior alcance quanto decorre das maravilhas que podem arrebatar o entendimento do homem, tendo por base a moral do Evangelho."

Os espíritas do Brasil tiveram a sua tarefa sublime, porque tem por base a moral do Evangelho, vê-se do que aí fica transcrito. Que têm eles feito para desempenhá-la? Quando os povos de todas as raças desempenham as suas, de modo a ver-se, por exemplo, a Europa, que parece ter tido a da ciência, ocupar a atenção do mundo sábio com o resultado de seus estudos e de suas experimentações, que se tem feito no Brasil, no ramo que lhe foi distribuído?

A idéia lavra por toda parte, é até surpreendente ver como penetra pelos remotos pontos de todos os estados de nosso país. Mas, qual o resultado que se tem colhido quanto ao desenvolvimento da tarefa que nos foi distribuída? Pesa-nos dizê-lo, mas é preciso dizê-lo, em bem de todos, não temos feito mais do que tornar conhecido no Brasil que são chegados os tempos da realização da promessa do Cristo de mandar o Espírito da Verdade ensinar as que no seu tempo não podiam ser compreendidas e que o Espiritismo é a consolidação de todas aquelas verdades, segundo o Evangelho.

Mas isto não tem sido obra nossa, tem sido obra do próprio Cristo, por seus mensageiros, e é assim, somente assim, que se explicam as manifestações simultâneas em variadíssimos pontos e essa mesma existência de espíritas pelos quase desertos do nosso país. São fatos espontâneos, cujo nó de união não se encontra no esforço dos homens, cujo nó de união somos obrigados a reconhecer que existe na vontade soberana que regula a marcha de todas as coisas.

Nossa tarefa, portanto, ainda está intacta e tanto é isto verdade que, mesmo aqui na capital, onde o nível intelectual é o mais elevado, se contam por milhares os indivíduos que acreditam no Espiritismo, que são espíritas convictos, mas que não têm coragem de confessá-lo, por não incorrerem no ridículo dos que só têm por sério aquilo em que acreditam e dos que não se preocupam senão com parvoíces.

Se a nossa tarefa, essa gloriosa tarefa para a qual fomos inscritos no número dos trabalhadores da vinha do Senhor, já estivesse, sequer, iniciada, nenhum espírita recuaria diante da animadversão de uns e do ridículo de outros, convencidos de que "o maior título que o homem pode ambicionar é o de ser cristão em Cristo; que o sentimento de que pode fazer alarde, em sua consciência, é o do amor de Deus e do próximo". E dessa sobranceria que, quando não procede do orgulho, revela uma convicção enraizada na alma, que vantagens não resultariam para a propaganda da verdade espírita?

O mundo julga das coisas pelos que as apresentam. O fato dos primeiros cristãos atestarem sua fé, dando por ela seu sangue, produziu conversões em massa. Quem quererá perder seu tempo no estudo de uma doutrina, cujos prosélitos têm vexame de confessá-la em público? O juízo do público — e confessemos que é justo, não pode ser senão este: se estivessem convencidos de possuírem a verdade, apresentar-se-iam de cabeça alta; eles que se esgueiram pela penumbra é que não têm convicção fundada.

Se um, se alguns, apesar daquele juízo, querem levar o estudo até ao âmago, descem à observação dos trabalhos dos espíritas professos, vão aos grupos, que vêem? Vêem: "cada qual fazendo doutrina a seu modo", sem ordem, sem disciplina, sem união, produzindo sem proveito, esterilizando a melhor vontade.

Vêem, portanto, em vez de um trabalho uniforme, sujeito a regras invariáveis, tendendo ao mesmo fim: o alto fim posto pela Doutrina, um trabalho disforme, disparatado, sem nexo e, às vezes, felizmente raras, em diametral oposição às regras da Doutrina.

Compreende-se que isto é um mal para os que o fazem e um mal para os que vêm observá-lo para se orientarem. Compreende-se que já é tempo de se ligarem todos os esforços dos espíritas para que se cumpra nesta parte do planeta a tarefa que lhe foi distribuída. Compreende-se, finalmente, que é pela união dos espíritas que se pode dar a ligação, a harmonia de seus esforços, sem a qual, diz o Mestre, cada um "cavará sulco por onde hão de correr as lágrimas do seu arrependimento".

A união faz a força, precisamente porque nasce dela o emprego dos esforços de cada um.

Com quanto mais razão, pois, devem os espíritas unir-se, quando precisam de forças para resistirem aos inimigos da Terra e aos inimigos do Espaço?

Da união resultará a uniformidade do trabalho distribuído regularmente pelos grupos e pelos indivíduos, segundo suas aptidões e disposições morais. Da união resultará o apoio mútuo, quer no sentido de socorro caridoso, quer no dos recursos para a obra da propaganda. Da união, em suma, nascerá o método, sem o qual todo esforço humano é perdido, toda boa vontade é estéril.

Nas *Obras Póstumas*, de Allan Kardec, vem explanada esta importante questão, que é o nó vital da propaganda espírita, e neste volume precioso beberá o leitor a luz precisa para resolvê-la.

Os espíritas brasileiros têm uma missão, disse o Mestre, e para desempenhá-la é essencial que comecemos por nos organizar, organização baseada na união, união na essência e na forma.

Publicado em 1890, reproduzido em *Reformador* de 1-8-1920, sob o título "Fracos, porque desunidos", e em *Reformador* de julho de 1942, sob a epígrafe acima.

4 A verdadeira propaganda

Pensem como quiserem os que entendem dever fazer a propaganda espírita por todos os modos, mesmo nas praças, sujeitando a divina Doutrina à galhofa do público, mesmo nos teatros, em meio do ridículo dos espectadores, e até nos alcouces, por entre os esgares desprezíveis de seres infelizes, seus freqüentadores.

Nem Jesus, o santíssimo modelo, nem os apóstolos, seus autorizados imitadores, expuseram jamais à galhofa, ao ridículo e aos esgares da corrosão os ensinos de salvação.

Quer um quer outros levaram a palavra da Verdade a todos os meios, é certo, porque o doente é que precisa do médico; porém, fizeram-no sempre guardando a compostura, severamente moralizadora, de ministros da mais pura, santa e veneranda Doutrina: ergueram a luz à altura de ser vista por toda a Humanidade, mas não a levaram aos antros.

Do que serve pregar o Espiritismo, que é o Evangelho segundo o espírito e a verdade, dando aqueles que o pregam o exemplo do seu desrespeito pelo modo irreverente de pregá-lo?

Sancta sancte tractanda sunt: as coisas sagradas devem ser com todo o respeito tratadas.

Por este modo, um que seja, que se colha para o redil bendito, vem convencido da santidade da Doutrina, pelo acatamento com que a vê exposta, e será um convencido digno e dignificador da Santa Lei.

Pelo contrário, os que são trazidos como em folia, por milhares que sejam, virão crentes, pelo modo por que viram obrar os propagandistas, de que o Espiritismo é meio de distração, senão de brincadeira, e esses milhares nem aproveitam para si, nem concorrem de leve para o triunfo da boa Lei.

Propagar o Espiritismo por toda a parte, sim; mas propagá-lo com o respeito e o acatamento que requer o ensino da Divina Revelação.

EXTRAÍDO DE *REFORMADOR* DE 15-8-1896.

5 Clama, não cesses

"Não são os que dizem Senhor, Senhor, que entrarão no Reino do Céu, mas sim o que fizer a vontade de meu Pai que está no Céu."

(MATEUS, 7:21)

O sacerdócio hebreu mesclou o culto divino de impurezas humanas, e foi esta a origem da sua condenação.

A Igreja Romana fez outro tanto: adora a Deus com os lábios e tem o coração cheio de iniqüidades.

O Espiritismo, Terceira Revelação, complemento da Messiânica, precisa evitar o temeroso escolho.

O exemplo de suas antecessoras é farol que deve guiá-lo em sua rota para o desejado porto.

Se os espíritas não compreenderem, melhor que o sacerdócio hebreu e melhor que a Igreja, a sagrada missão de depositários das eternas verdades, do que servirá à Humanidade a Nova Revelação, o orvalho do Céu para acalmar a sede abrasadora dos filhos da Terra?

Espiritismo não é ciência como apregoam os que procuram, nos fenômenos por ele produzidos, antes o maravilhoso do que ensinos de salvação.

Se o Espiritismo fosse ciência, seria invenção ou descoberta dos homens, como têm sido todas as que são conhecidas até hoje.

Se fosse ciência, fonte de luz para a inteligência, seria, como todas as que são conhecidas até hoje, estreme de ensinos religiosos.

Apontai uma sequer das ciências humanas, cujos cultores, esses sábios que enobrecem a história da Humanidade, procurem devassar-lhe os segredos indo pedir luz e inspiração ao Evangelho ou à *Bíblia*.

Entretanto, qual é a pedra fundamental do Espiritismo, em sua pura concepção? — O Evangelho.

O Evangelho, sim; porque o fim da revelação espírita, clara e positivamente prescrito pelos seus reveladores, únicos competentes para determiná-lo, é a interpretação do ensino divino em espírito e verdade.

E, se este é o fim posto por Deus, como no-lo ensinam seus emissários, donde os fundamentos para o considerarem ciência?

Ciência é ele, porque altíssima religião; e quem diz religião diz ciência, por ser religião a ciência das ciências.

Neste sentido, e só neste, pode-se dizer que o Espiritismo é ciência: Religião científica.

Querer, porém, destacar os dois elementos, dos quais um procede do outro, é desnaturar a Revelação, tal como fizeram Jerusalém e Roma.

Qual tem sido a nova ciência formada com os elementos emprestados ao Espiritismo? Que nome tem ela? Quais são suas leis? Explica-nos ela seu objetivo?

Os homens da Ciência estudam seus fenômenos e procuram explicá-los pelas leis conhecidas da Ciência, eis tudo; mas já conseguiram fazer, dele e por ele, um corpo de doutrina científica? Nada têm conseguido no sentido desse seu maior empenho.

Entretanto, aí está, desafiando as fúrias da incredulidade, o Espiritismo brilhantemente organizado em alta e sublime doutrina religiosa!

Como, então, é ciência, se não dá para a constituição de uma ciência?

Como deixa de ser religião, se dá para a constituição da mais elevada doutrina religiosa?

Meditem, sobre estes nossos mal esboçados conceitos, aqueles que quiserem colher frutos de vida na nova árvore plantada pelo Redentor.

Meditem e reconhecerão que os Espíritos das trevas, no seu incessante mourejar contra a verdade e contra o bem, é que insinuam essas distinções, no intuito de perturbarem as inteligências e arrastarem os mais fracos, se não puderem arrastar todas, ao redil de sua perdição.

Deixemos aos infelizes, que se deixam seduzir pelas vozes da serpente, as glórias de figurarem no meio dos que se julgam iguais a Jesus, e procuremos merecer o glorioso título de servos de Jesus.

"Deus, Amor e Liberdade" é o seu lema, com o qual procuram, sob a bandeira do Espiritismo, reunir em torno de si os que se deixam levar por palavras, sem perscrutarem o fundo moral das obras.

Invocam o nome de Deus, os que não seguem sistematicamente os ensinos de Jesus, que é o pensamento de Deus!

Falam em nome do amor, emanação do próprio Deus, os que não o podem sentir, desde que não amam a Jesus, puríssima encarnação do divino sentimento, como Verbo do Senhor!

E pregam liberdade; sabeis como e para quê?

Como meio de se libertarem da Lei de Deus pregada por Jesus, e para abafarem os escrúpulos das almas timoratas, a fim de subjugá-las ao seu modo de compreender o amor, de compreender a liberdade, de compreender o Espiritismo!

Espíritas: O caráter essencial da verdadeira fé, como no-lo ensina o Divino Mestre, é a humildade no sentimento, é a humildade nas ações.

Ao espírita que desejar ser discípulo de Jesus, diremos: o verdadeiro espírita deve procurar ocultar as suas boas obras, como os maus ocultam as suas; e se o dever lhe impõe a obrigação de fazê-las em público, como é hoje o da propaganda, deve portar-se com a prudência e a modéstia com que os Apóstolos pregavam a Boa Nova.

Onde quer que vejais placas e bandeiras, como anúncio permanente de sessões espíritas, crede: aí não está nenhum espírito religioso, e, se gostais de divertir-vos, entrai; e, se procurais o verdadeiro Espiritismo, fugi e orai pelos que o deturpam.

Os templos não têm placas, nem flâmulas, nem arautos pregando pelas ruas e praças ao som de timbales. Esses são meios empregados por empresas teatrais para atraírem concorrência. Isto é próprio de festas mundanas, nunca de exercícios religiosos.

Se virdes os jornais profanos pejados todos os dias de notícias de trabalhos espíritas, com os nomes dos eméritos trabalhadores, concluí, de tais manifestações aparatosas, que não há espírito religioso em quem as fez; é o príncipe do mundo que as insinua no ânimo dos que as fazem.

O Espiritismo é a Revelação divina e, como tal, com os homens ou sem os homens, há de propagar-se por toda a Terra, como no-lo prova a Revelação messiânica.

Felizes os que concorrem com seu fraco esforço para que seja feita na Terra a vontade do Senhor; desgraçados os que, sob falsas aparências, arrastarem seus irmãos a falsas concepções da Santa Lei.

E concorre-se para a execução da obra de Deus, trabalhando com o maior respeito e humildade, como o que trabalha à vista do Senhor da vinha.

Talvez haja severidade nestes nossos dizeres, mas, além de que não se arranca o cancro, sem dor, acresce que está acima de todas as considerações humanas o amor do próximo, que nos impõe o dever de tentar o maior esforço por abrir os olhos aos que dormem nas trevas da morte, e de prevenir os incautos do abismo que se lhes cava debaixo dos pés.

ARTIGO EDITORIAL EM *REFORMADOR* DE SETEMBRO DE 1896.

II *Artigos sobre Bezerra de Menezes*

1 Bezerra de Menezes, o desenlace

A família espírita brasileira acaba de ser ferida em pleno peito, com o desaparecimento do mais eminente dos seus chefes, daquele que, nas assembléias e nos círculos, na imprensa livre como do alto destas colunas, por tantos anos e até há pouco tempo, doutrinou, pela palavra e pela pena, os santos ideais da Nova Revelação, trazida ao mundo pelo Espírito Consolador, de que ele se fizera o mais intrépido e, sobretudo, o mais amado dos apóstolos.

Tiveram assim dolorosa realização as previsões que aqui ultimamente formulamos. Contra a marcha insidiosa do mal que lhe invadira o organismo, não valeram as prescrições da Ciência, pelos seus mais altos representantes espirituais, nem a solicitude e o carinho da família desvelada, da terna e santa esposa, em noites consecutivas de vigília, no sobressalto daquela perda irreparável. Dentro dos imprescritíveis desígnios da Providência, soara a hora da libertação daquele grande

Espírito, cuja missão na Terra havia terminado, e no dia 11 deste mês, enquanto a Natureza esplendia lá fora, nas pompas outonais, ele se desprendia dos frágeis laços da matéria, docemente, quase sem agonia, rodeado dos seus afetos caros, de todos aqueles entes, amados e ternos, que eram parte integrante do seu próprio ser, e aos quais votava um culto só excedido pela sua dedicação à causa que fora a sua principal missão na Terra.

Esse trágico desfecho, posto que esperado, como o acabamos de assinalar, produziu uma intensa consternação em todos os espíritos que, de perto ou de longe, privavam com o nosso querido mestre, para já não aludirmos à dor intraduzível daquela pobre e numerosa família, a qual se via assim privada do seu único arrimo, do seu chefe, do seu amigo, do seu defensor em todas as aflições morais, como nas vicissitudes materiais da vida, que, ao seu lado e edificada pelos seus altíssimos exemplos, pudera até ali suportar com resignação, senão com alegria. E se para a família que o idolatrava, na expansão de puríssimos afetos, de que ele era o centro de atração e de irradiação, o seu prematuro desaparecimento assumiu as proporções de uma irreparável catástrofe, não menos sensível é a sua perda para os espíritas do Brasil, particularmente desta capital e da Federação Espírita, onde a sua cadeira, que ele por tanto tempo honrou, pregando, na eloqüência inspirada da sua palavra ouvida sempre com encanto, as luminosas verdades da Nova Revelação, permanecerá vazia, até que a Providência nos depare um missionário da sua elevação que o possa dignamente substituir.

Não importa a indigitação deste ou daquele companheiro para essa substituição, forçosamente provisória. Os que o rodeávamos, envolvendo-o no mesmo afeto e admiração, os que, bastante felizes para, em pretensão, nos reputarmos seus discípulos, tivemos a fortuna de aí escutar de perto os sábios conselhos e as altas manifestações constantes do seu espírito solidamente aparelhado de saber, mas sobretudo opulento de peregrinas virtudes, sabemos que às dificuldades com que tem lutado a Federação, e com que de resto lutam associações da sua natureza, vem acrescentar-se mais esta, insuperável no momento: a de colocar naquela cadeira, em que ele deixa imorredoura tradição, um companheiro digno, a todos os respeitos, de o substituir.

Assim nos externando, temos certeza de ser o intérprete do sentimento de todos os que até agora gravitamos em torno daquele astro, que não se extinguiu para nós senão para resplandecer com claridades mais vivas na pátria espiritual em que nos precedeu. Não vai nisso ostentação de humildade — preciosa virtude que fará a nossa felicidade no dia em que a possuirmos. Mas a verdade que está nas nossas consciências, e que, no meio da consternação em que a sua perda nos lançou, mal podemos formular, como um tributo de justiça, é esta: o nosso saudoso e inolvidável mestre reunia por tal modo todos os requisitos de um verdadeiro missionário, possuía um conjunto tão harmonioso de conhecimentos e de virtudes, que por enquanto não passam para nós outros de meras aspirações, que ter a pretensão de continuar-lhe as luminosas tradições já seria demasiado orgulho para o que como tal se apresentasse e que, só por esse fato, se denunciaria inferior a essa nobilíssima função.

Não pareça o que aí fica o trivial exagero com que se usa glorificar a memória dos que se foram. Falamos diante dos contemporâneos, dos que de perto apreciaram e puderam aquilatar o valor da obra realizada por esse valoroso atleta do bem. Ela aí está — a sua obra, que, se é cedo para ser julgada no conjunto, não o é para que se registrem os efeitos salutares com que contribuiu para a orientação da propaganda no Brasil. No que respeita particularmente à Federação, grato dever é confessarmos que jamais ela prosperou como durante o período da sua sábia e esclarecida direção. Foi o seu prestígio no meio dos espíritas o que a veio erguer do abatimento em que, por múltiplas causas, se debatia há alguns anos. Modificando a sua norma de trabalhos, prestigiando-os com a sua presença e com a solicitude dos seus cuidados, conseguiu ele trazê-la a essa altura em que até aqui se conservou, como elemento de coesão e disciplina, que fazia derivar pelo seu órgão, o *Reformador*, de cujas colunas se esforçou sempre por manter a orientação necessária à uniformidade dos nossos estudos.

Não menos preponderante, todavia, foi a ação que exerceu sobre a evolução do Espiritismo nesta capital; e quando, em setembro de 1887, um numeroso grupo de espíritas deliberou que se empreendesse, por um dos grandes órgãos da opinião, a exposição da nossa Doutrina, a fim de a tornar acessível a todas as inteligências, nas diferentes camadas sociais, foi para o Dr. Bezerra de Menezes que se voltaram todas as vistas, e a ele, como o mais apto, é que foi confiada tão grata e árdua tarefa, em que se conduziu com esse brilho e esse valor, cheio de perseverança e de tenacidade, que o fizeram temido de todos os adversários. Aí está o primeiro volume dos seus *Estudos Filosóficos*, subordinados à epígrafe geral *Espiritismo*, e subscritos por esse adorável pseudônimo Max, breve e conciso como o seu próprio estilo, de uma clareza e de uma racionalidade admiráveis, para atestar o que foi essa esplêndida campanha que, iniciada em uma época em que era perigoso ou, pelo menos, ridículo confessar-se espírita, acabou por fazer a nossa Doutrina respeitada, como a vemos, de todos os que, não cedendo embora aos seus vigorosos argumentos, se sentiram, contudo, obrigados a considerá-la com o acatamento devido às convicções superiormente discutidas.

Além desses trabalhos já divulgados, o nosso querido mestre deixa uma extensa lista de obras, especialmente de romances, alguns dos quais temos publicado em folhetins, todos vazados na orientação espírita, que se tornara o exclusivo escopo dos seus esforços nos derradeiros anos.

Não nos permite a escassez de espaço, nem o estado de espírito em que nos mergulhou, naturalmente, a sua perda, fazer agora uma análise, ainda que sucinta, da sua vida e da sua obra. Nas referências que adiante publicamos, feitas pelos jornais profanos desta capital, ter-se-á, entretanto, uma pálida idéia da influência que a sua eminente personalidade exerceu na sociedade do seu tempo, em que ele ocupou cargos da maior elevação; e isso, parece, seria suficiente no que respeita ao homem público. Nele, porém, o que mais admiramos e nos interessa é o espírita, o mestre esclarecido e venerado e, tanto como isso, o homem íntimo, o cidadão do lar, afetuoso e dedicado, o amigo e o pai, que espiritualmente se constituíra para todos nós. Aí, nesse ambiente da intimidade, é que ele foi grande e inexcedível. Nessa constelação de afetos, nos círculos de amigos ou dos discípulos, ele que mesmo sob a atmosfera, sempre perigosa, da política, a que se consagrou por largos anos para servir à sua pátria, mas que abandonara por completo, soube exercer o predomínio da sua bondade fundamental, pontificando as mais austeras virtudes morais, a par da mais acessível tolerância e amenidade do trato, ali, cercado do afeto respeitoso de todos os que cultivávamos a sua estima, é que melhor e mais intensamente fez irradiarem as excelências da sua alma de eleição.

Com que amor, com que desvelos, com que doçura, tocante e comunicativa, se dedicava ele então a sarar as feridas dos espíritos que, em tribulação, o procuravam! As palavras que saíam daqueles lábios vinham tão diretas do coração e eram por tal modo ungidas de amorosa fé, que ao inexprimível encanto de as escutar, não raro joviais, se associava imediatamente a calma, a tranqüilidade, a consolação que a todos transfundia. Ninguém, que o procurasse, sairia sem conforto, sem o alívio que só ele sabia prodigalizar, quer se tratasse de enfermidade do corpo, quer do espírito; porque — seja-nos lícito, por grato, repetir — se ele, em seu tirocínio no mundo, tivera de obter, num instituto científico, o diploma que o sagrara sacerdote da Medicina, do Espaço trouxera já consigo, na sua elevação moral e nos propósitos da sua abençoada missão, a investidura desse outro sacerdócio, mais difícil e raro do que aquele, mas que por igual exerceu exemplarmente: o de médico das almas.

E foi esse o segredo da sua supremacia em toda a parte onde teve acesso, e do prestígio que exercia sobre todos os espíritos que se lhe acercavam. Jamais estas duas virtudes por excelência — o amor e a fé — se assentaram mais poderosamente em uma mesma individualidade, como nele. O amor, não o possuía ele platonicamente, nem o ensinava apenas pelos lábios: subia-lhe do coração e o praticava indistintamente com todos, no exercício constante dessa caridade ativa e diligente que não raciocina, não reflete, porque é instintiva e se multiplica sob milhares de formas — na tolerância, na indulgência com que antes dissimula do que repara nas alheias fraquezas. A fé, não a veio adquirir na meditação, nem no estudo: trouxe-a consigo, poderosa, robusta, edificante — a grande fé recomendada por Jesus, da qual exibia constantes provas, desde a confiança no futuro, irrefletida e cega, nos dias da sua mocidade, como no decurso de toda a sua vida laboriosíssima, em que jamais teve cuidado pelo dia seguinte, até aos seus derradeiros momentos, aquelas longas horas de amargura para a sua desvelada e carinhosa esposa e os seus amoráveis filhinhos, que exortava sempre a confiar em Jesus, levantando-lhes o ânimo e dando-lhes ele próprio o exemplo edificante.

Dir-se-ia mesmo que nos sofrimentos físicos, nessa derradeira prova que lhe estava reservada e de que saiu vitorioso, nesses momentos angustiosos, em que a dor lhe sublevava o organismo, sem, todavia, conseguir sequer lhe contrair um músculo da face, apenas se denunciando na trêmula pressão com que nos estreitava as mãos, a sua fé mais se acrisolava, para lhe conferir a palma do triunfo e da glorificação definitiva.

Por isso o vimos desprender-se do seu pobre despojo material, deixando impressa no semblante a tranqüilidade de um verdadeiro justo. Encerrado no fúnebre ataúde, as mãos cruzadas sobre o peito, o rosto pálido e sereno emoldurado na neve dos cabelos, parecia continuar um sono interrompido pouco antes.

E é isso que nos dá a certeza da sua felicidade radiosa na outra vida, na pátria espiritual de que por tanto tempo estivera desterrado, e onde foi recolher os louros imperecíveis conquistados na sua luminosa peregrinação pela Terra, o que um pouco nos conforta da sua perda irreparável. O claro que deixa nas nossas fileiras é impreenchível; a sua ausência na Federação há de, por muitos anos, ser sentida. Consola-nos, porém, a certeza de que o seu Espírito de luz, atraído pelos nossos corações, não cessará de exercer entre nós a sua influência salutar, guiando os nossos passos, orientando os nossos trabalhos, nos inspirando e fortalecendo nas horas de desfalecimento e de amargura.

Só esta fé, só esta confiança na sua invisível assistência e no apoio moral, com que contamos, do seu eminente e generoso Espírito nos encoraja a continuar a sua obra tão cedo interrompida.

Possam as linhas que acima ficam, sem nenhum outro merecimento que o de haverem sido inspiradas pelo coração, e que constituem, com a publicação do seu retrato na nossa primeira página e das apreciações, que damos a seguir, dos nossos colegas da imprensa desta capital, a homenagem do *Reformador* e da Federação ao seu inesquecível presidente, significar ao seu Espírito o modesto mas sincero tributo da nossa admiração e do afeto cultual que votamos à sua memória querida e venerada. E que lá, nesse infinito radioso em que ele paira, mais feliz e mais vivo do que nunca, possam envolvê-lo as bênçãos do Céu e os amorosos desvelos do Divino Mestre, de que ele se constituiu, para nossa edificação na Terra, o mais fiel, o mais dedicado e, entre nós, o mais perfeito dos discípulos.

À sua esposa, à sua terna companheira, lacrimosa posto que resignada, nas consolações da fé que a amparam contra o rude golpe, àquela que tão santamente o secundou na sua missão de caridade e paz, durante trinta e cinco anos de dedicação e afeto mútuos, enviamos a cordialíssima expressão da nossa respeitosa solidariedade, no transe com que a Providência julgou, em seus desígnios, dever submeter à prova a sua alma, cheia de humildade e de valor.

Da Redação de *Reformador* de 15 de abril de 1900.

2 Homenagens da imprensa

Todos os jornais desta capital, quer os vespertinos, quer os da manhã, em suas edições, do próprio dia os primeiros, do dia imediato ao do desaparecimento do nosso venerando chefe os últimos, se referiram nos termos mais respeitosos e sentidos à sua eminente personalidade, rendendo o mais justo preito às suas virtudes cívicas e morais.

Na impossibilidade de aqui transcrever todos esses juízos, por estreiteza de espaço e para não alongar demasiadamente esta notícia, faremos abstração dos que apenas apreciaram a sua individualidade política, há muito tempo na doce penumbra do retraimento, como acima aludimos, e nos limitaremos a reproduzir os conceitos dos que, mais completamente informados, se pronunciaram fora dessa exclusividade.

Foram os seguintes:

A NOTÍCIA

Faleceu hoje, às 11h30min da manhã, o ilustre e conhecido clínico Dr. Adolfo Bezerra de Menezes, cavalheiro de altas virtudes e conceituadíssimo no nosso meio social.

O Dr. Adolfo Bezerra de Menezes exerceu no passado regime, por várias vezes, o cargo de vereador e presidente da Câmara Municipal, e ocupou a cadeira de deputado pelo 3º distrito eleitoral, onde era prestigioso chefe do Partido Liberal. Nessas posições prestou a esta capital e ao país os mais relevantes serviços.

Foram grandes também os serviços que prestou na Companhia de S. Cristóvão, quando naquela empresa ocupou o lugar de diretor.

Retirado da política, o Dr. Bezerra de Menezes entregava-se exclusivamente à sua numerosa clínica, sendo reconhecido como um dos médicos mais humanitários desta capital.

À sua família enviamos as nossas condolências.

CIDADE DO RIO

Depois de longos e cruéis padecimentos, faleceu hoje o Dr. Adolfo Bezerra de Menezes, antigo e estimado clínico desta capital.

Exerceu entre nós o Dr. Bezerra de Menezes vários cargos de eleição popular, sendo considerado por muito tempo um dos mais prestigiosos chefes do Partido Liberal do antigo Município Neutro [atual cidade do Rio de Janeiro], durante a monarquia.

Por vezes escolhido pelo corpo eleitoral da cidade do Rio de Janeiro seu representante na Câmara Municipal, por força da lei que outrora vigorava, foi o seu presidente, e nesse caráter exercia grande influência, sendo muito respeitado e considerado pelos chefes de sua parcialidade política, e gozando também de prestígio verdadeiramente popular.

Para isso concorria grandemente seu espírito de caridade, pois que era médico dos pobres, dedicado e afetuoso, e o seu caráter lhano e afável que o tornava acessível e de todos estimado.

Foi deputado geral pelo antigo Município Neutro e pelo Ceará, sua terra natal.

Tendo exercido grande influência como político e homem de ação, como médico que dispunha de clínica extensíssima, há muito tempo que desaparecera da vida pública.

Estava retirado, mas não esquecido. Não o esqueceram seus companheiros de lutas, que nele tiveram um bom e leal camarada, nem poderiam olvidá-lo todos quantos receberam os muitos benefícios de que era pródigo seu excelente, bondoso e meigo coração.

JORNAL DO BRASIL

Faleceu ontem, às 11 horas da manhã, o Dr. Adolfo Bezerra de Menezes.

O finado foi chefe político do antigo Partido Liberal, no regime monárquico, na freguesia de S. Cristóvão, onde gozava de real influência; ocupou os cargos de eleitor especial e vereador; foi por muitos anos presidente da Câmara Municipal, e diversas vezes foi eleito deputado geral, pelo 3º distrito do Município Neutro.

Possuidor de grande fortuna, a política e a prática da caridade empobreceram-no.

A sua morte deixa um grande vácuo no coração daqueles que tiveram ocasião de admirar de perto quanto valia aquela alma privilegiada.

Médico, e médico hábil, a sua vida foi, nos últimos tempos, um contínuo labutar em benefício da pobreza; jamais recusou os serviços àqueles que a ele recorriam.

Dos pobres nada aceitava; dos ricos recebia o que queriam dar-lhe. Por isso morreu paupérrimo.

Para se poder avaliar bem a grandeza d'alma do Dr. Bezerra, basta expor o seguinte fato, de que temos conhecimento, entre muitos outros fatos.

“Era o Dr. Bezerra presidente de uma companhia, com escritório na rua Sete de Setembro, quando lhe apareceu um conhecido seu comunicando-lhe o falecimento de um filhinho e dizendo-lhe, com as lágrimas nos olhos, que, achando-se desempregado, não tinha recursos para fazer o enterro.

O Dr. Bezerra de Menezes chamou-o a um canto e meteu-lhe na algibeira todo o dinheiro que possuía. No momento em que se propunha a retirar-se para a casa (morava então na Tijuca), reconheceu que, tendo dado tudo, nada lhe restava para a passagem do bonde, e pediu a um amigo trezentos réis emprestados!

As bênçãos da pobreza que ele socorria o acompanharão para a morada celeste!”

O PAIZ

Adotando como epígrafe o nome de nosso querido presidente, eis o que escreveu este ilustre contemporâneo:

Sucumbiu ontem, às 11h30min da manhã, após longos e dolorosos padecimentos, que foram a última prova imposta à sua resignação verdadeiramente cristã, o eminente brasileiro cujo nome, encimando estas linhas, como homenagem póstuma às virtudes da sua vida, por tantos anos fulgurou nos anais da política do Império e hoje apenas vive na tradição dos que o amaram, ou da inexaurível fonte da sua bondade receberam inesquecíveis benefícios.

Foi esta a característica essencial do venerando extinto. Político militante, filiado à mais adiantada parcialidade do antigo Partido Liberal, deputado, vereador da extinta Câmara deste município, a cujos destinos por longos anos presidiu, escritor — que o era com raro merecimento e brilho — em todas essas manifestações da sua atividade deu sempre o Dr. Bezerra de Menezes as mais brilhantes provas da sua capacidade e do seu valor moral e intelectual; mas foi sobretudo no abnegado sacerdócio da sua clínica e na doce penumbra da sua vida íntima que refulgiram os peregrinos dotes do seu espírito, multiplicando-se em desvelos, em solicitudes, em carinhoso desinteresse por todos os que sofriam. E jamais bateu um desses, enfermo ou necessitado, inutilmente à sua porta.

Tempo houve em que, fascinado pelo desejo de servir à sua pátria, em cargos públicos, exclusivamente de confiança popular, como acabamos de aludir, substituiu o exercício da Medicina pela tribuna parlamentar ou pelos onerosos encargos de chefe da Municipalidade, em que se conservou perto de vinte anos.

O que foi esse largo tirocínio de lutas, que jamais lhe alquebraram a virilidade de um ânimo resoluto, inspirado unicamente nas sugestões do bem e da moral perfeita, dizem-no os anais dessa época não remota, e dizem-no, com o contraste violento das más paixões que em torno lhe corvejavam ameaçadoras, as calúnias, os insultos, as agressões constantes, que não respeitavam sequer o santuário da sua impoluta consciência.

Esse período de agitações, atravessou-o ele com a fortaleza e as ilusões dos melhores anos da sua mocidade, sempre inquebrantável e sereno, jamais recusando aos seus adversários apaixonados, a par da indiferença aos seus golpes repetidos, a tolerância e — tantas vezes! — o socorro, quando, arrependidos, lhe vinham bater à porta, na súplice atitude do arrependimento.

É que por aquela alma, que hoje a gratidão de tantos orvalha de abençoadas lágrimas, nunca pudera passar uma sombra de maldade. É que, bastante elevado, para que o pudessem atingir as agressões dos que a sua intransigente honestidade prejudicava, o glorioso extinto pairava em uma atmosfera de sentimentos puros, alentados pelos estímulos da moral evangélica e da mais viva fé cristã, de que toda a sua existência foi um apostolado edificante.

Passou através das grandezas deste mundo e do fastígio do poder, sem lhes sentir a vertigem, sobranceiro, indiferente, alheio a ambições, tendo pelas seduções da fortuna um desprezo que tanto contrasta com o culto hoje incondicionalmente rendido a essa mesquinha preocupação, cujo cultivo, em certas camadas da sociedade contemporânea, tanto rebaixa o espírito da nossa nacionalidade.

É realmente edificante, no meio das ambições que na hora presente se disputam entre nós a posse das melhores posições, para a ostentação de inesperadas opulências, opor o exemplo desse grande cidadão, que — não é mera figura — encaneceu no serviço da pátria e da Humanidade e, tendo entrado para a vida pública com fortuna, que lhe tocara por herança, dela se retirou pobre, depois de haver exercido gratuitamente, por um largo período, o cargo de vereador, que não era então remunerado, e de ter tido em suas mãos, como seu presidente, as chaves da Municipalidade, de que não se utilizou senão para assegurar-lhe as condições de prosperidade, de que rezam as tradições desse tempo.

Restituído, depois de tão extenso interregno, à sua vida clínica, que abandonara por força daqueles absorventes encargos, as suas vistas voltaram-se mais que nunca para o exercício desse abençoado sacerdócio, onde tanto se distinguira na especialidade cirúrgica, em que era reputado como notável, e então começou verdadeiramente para ele a missão de paz, de caridade e de consolação, que o havia de conduzir, coberto de bênçãos, ao termo da sua glorificação na Terra.

Falem, a esse respeito, por nós aqueles que a sua competência médica salvou, e a respeito das altas manifestações do seu interesse e do seu espírito de caridade, falem os que da sua bolsa, sempre parca, receberam constantes benefícios. Porque é preciso que se diga: o Dr. Bezerra de Menezes, por esse impulso da bondade que se torna instintivo nas almas de raro quilate como a dele, se tinha sempre pronto o socorro aos que nunca para ele apelaram inutilmente, era de uma extraordinária indiferença pelos resultados pecuniários que lhe poderia assegurar a sua clínica.

Despreocupado do dia de amanhã, confiante sempre no socorro que o Céu envia aos que têm verdadeira fé, nele, como em nenhum outro, teve perfeita objetivação a recomendação do Evangelho: "Vede os pássaros do céu...".

Assim, de fato, viveu esse grande homem, misto de desinteresse, de abnegação, de fé e de grandeza moral, e que, depois de 68 anos, votados à atividade constante do trabalho, estreme de ambições vulgares, sai da vida, deste charco, que o não conspurcou, cercado de uma auréola de virtudes e através de uma glorificadora apoteose de bênçãos e de lágrimas.

A sua família, numerosa, composta, além de sua desvelada esposa, de muitos filhos e de agregados, que a sua caridade acolheu por largo tempo, fica na mais extrema pobreza, maior que a que suportou alegremente, ao lado do seu benemérito chefe, que era o primeiro a exemplificar a conformidade com essa condição, voluntariamente aceita, e que lhe era o único arrimo.

A sociedade brasileira, particularmente a sociedade fluminense, contraiu com o venerado morto uma dívida que, revertendo em benefício de sua família, honrará a memória daquele que tantos serviços lhe prestou. Resta que a pague, provando assim que a ingratidão não é a única moeda com que o povo costuma retribuir os sacrifícios dos que serviram à pátria e à Humanidade.

Tais são os nossos votos, a que associamos o testemunho de condolências à sua extremosa companheira de 35 anos.

*

Era nosso intuito, às linhas que acima ficam, acrescentar algumas notas biográficas relativas ao ilustre brasileiro. Infelizmente, porém, debalde rebuscamos os arquivos das bibliotecas, não tendo obtido nas tradições da família mais que vagas indicações de datas, que a memória não conserva fielmente. Em todo caso, os traços gerais da sua vida aí ficam debuxados, e se, alheado das gloríolas mundanas, preferiu ele as glórias da imortalidade, na outra vida, em que acaba de penetrar, respeitemos-lhe a intenção, que ainda mais põe em relevo o seu extraordinário mérito.

Acrescentaremos apenas que, dedicando-se nos últimos anos aos estudos da moderna Psicologia, era o mais eminente chefe da Doutrina Espírita nesta capital, e aí, quer como polemista e doutrinador pela imprensa, quer como presidente da Federação Espírita Brasileira, sempre foi escutado o seu conselho e acatado o prestígio da sua palavra, a que a sua elevação moral dava uma grande autoridade.

O saimento terá lugar hoje, à 1 hora da tarde, partindo da rua Vinte Quatro de Maio nº 93 para o cemitério de São Francisco Xavier.

EXTRAÍDO DE *REFORMADOR* DE 15 DE ABRIL DE 1900.

3 Bezerra de Menezes e Artur Azevedo

Em *O Paiz* de 13 de abril de 1900, então o jornal de maior tiragem no Brasil, Artur Azevedo, notável poeta e teatrólogo, o cronista mais popular e portanto o mais lido da época, escreveu na sua seção diária — "Palestra" — o seguinte artigo:

"Que dia mais apropriado que sexta-feira da Paixão para falar-se de um grande morto? Refiro-me a Bezerra de Menezes, que acaba de descer ao túmulo entre hinos de apoteose, e era, não há muitos anos, a criatura mais injuriada que cobria o céu carioca.

Foi um mártir da vida pública. O voto popular amarrou-o durante muito tempo ao cargo de presidente da ilustríssima Câmara Municipal da corte, como a um pelourinho infame. Ouvi dizer a muitos dos seus concidadãos que ele era um ladrão, e diziam-no com a facilidade e o desassombro com que no Rio de Janeiro — só no Rio de Janeiro — se dizem essas coisas. Outros o defendiam afirmando que ele não roubava, mas apenas consentia que os amigos roubassem.

Um periódico de caricaturas muitas vezes o representou vestido de salteador da Calábria, com o clássico chapéu pontudo e de trabuco ao ombro.

Mais adiante, prossegue a "Palestra":

"Se, quando lhe lançaram em rosto esse tremendo labéu de ladrão, Bezerra de Menezes não fez o mesmo que o infeliz Carlos Costa, foi porque era uma alma forte, um espírito orientado, um filósofo preparado para todas as lutas morais. Só agora respondeu aos seus agressores, e respondeu como? morrendo pobre. Felizes daqueles que incumbem da defesa de sua honra os seus próprios cadáveres!

Não venho engrandecer os serviços de Bezerra de Menezes: ele foi durante muitos anos o diretor do nosso serviço municipal, e a cidade do Rio de Janeiro é o que é. Todo o seu tempo era pouco para tratar de política, paixão que o dominava e o absorvia, e acabou, felizmente, por enfastiá-lo do mundo.

E foi tal o seu fastio, que ele procurou a sociedade invisível dos Espíritos, e entrou a viver noutro mundo melhor, onde não havia câmaras municipais, nem eleitores, nem periódicos de caricaturas.

Mas ainda aí a paixão, pois que ele era um impulsivo, o arrebatou até o apostolado, até o sacerdócio, até o fanatismo, e fez dele, entre nós, o mais fervente propagandista de uma doutrina de piedade e consolação, que eu não professo, mas respeito profundamente.

Onde estará o seu Espírito agora? Reduzido ao nada absoluto, ou verificando, na apregoada desencarnação, até onde chega a verdade do que ele afirmava, a prova definitiva e real das suas crenças?

Quem sabe lá! É loucura sondar os arcanos do infinito, quando esta terra que pisamos, que apalpamos, que nos dá de comer a todos é também um mistério inescrutável para todos nós, inclusive... os sábios."

EXTRAÍDO DE *REFORMADOR*, DE JUNHO DE 1950, P. 130.

4 Bezerra de Menezes – centenário de desencarnação

Há 100 anos, precisamente às 11h30min do dia 11 de abril de 1900, expirava em sua residência, no Rio de Janeiro, aos 68 anos de idade, o Dr. Adolfo Bezerra de Menezes, a quem um violento acidente vascular cerebral prostrara, paralítico, em dezembro de 1899, quando exercia pela segunda vez, desde 1895, o cargo de presidente da Federação Espírita Brasileira.

Por sua vida apostolar, toda consagrada, com inexcedível devotamento, às mais nobres causas ligadas ao progresso geral, à iluminação das consciências, à moralização dos sentimentos, à proteção dos pequeninos, sob a inspiração dos ensinos e exemplos de Jesus, deixou marcas profundas nos diversos círculos da sociedade que receberam sua benéfica influência como administrador íntegro, político honesto, médico caritativo e chefe de família exemplar.

Mas foi no círculo dos trabalhadores espíritas da primeira hora que ele coroou de glórias imortais a programação de sua última existência terrena, cumprindo fielmente a missão que no Alto lhe fora confiada pelo próprio Jesus, qual seja a de imprimir rumo seguro, nos trilhos do Evangelho, aos destinos do Espiritismo em nossa terra, assim consolidando os fundamentos da obra de cristianização da sociedade, que Ismael iniciou no Brasil e estenderá à família planetária.

O início da missão de Bezerra de Menezes tem como cenário uma feliz região do Espaço onde o angélico protetor da nação brasileira, descortinando para destacados membros de sua luminosa falange o panorama das realizações espirituais e materiais dos séculos XIX e XX, as quais assentariam as bases da nova fase evolutiva da Humanidade no planeta regenerado, enfatiza a necessidade de concentrarem-se esforços no "coração do mundo, na pátria do Evangelho", de modo a preparar a sociedade brasileira para acolher a semente generosa do Espiritismo cristão, cujo ideário brilharia como fulcro da Nova Era.

O comando de tão espinhosa missão não poderia caber senão a um Espírito de invulgar envergadura espiritual e é a esse dedicado e fiel discípulo que Ismael exorta:

" — Descerás às lutas terrestres com o objetivo de concentrar as nossas energias no país do Cruzeiro, dirigindo-as para o alvo sagrado dos nossos esforços. Arregimentarás todos os elementos dispersos, com as dedicações do teu espírito, a fim de que possamos criar o nosso núcleo de atividades espirituais, dentro dos elevados propósitos de reforma e regeneração. Não precisamos encarecer aos teus olhos a delicadeza dessa missão; mas, com a plena observância do código de Jesus e com a nossa assistência espiritual, pulverizarás todos os obstáculos, à força de perseverança e de humildade, consolidando os primórdios de nossa obra, que é a de Jesus, no seio da pátria do seu Evangelho. Se a luta vai ser grande, considera que não será menor a compensação do Senhor, que é o caminho, a verdade e a vida". [4]

E carregando no íntimo, gravadas de forma indelével, as vibrações desse sumário do programa que cumpriria fielmente, o grande discípulo de Ismael reencarna na pequena localidade chamada Riacho do Sangue, na então província do Ceará, aos 29 de agosto de 1831, tomando o nome de Adolfo Bezerra de Menezes Cavalcanti, filho de Antônio Bezerra de Menezes e Fabiana de Jesus Maria Bezerra.

Sua educação se fez sob a influência de princípios severos, em ambiente patriarcal, os quais encontrariam plena ressonância numa alma naturalmente inclinada ao rigoroso cumprimento dos deveres morais e materiais.

As primeiras letras ele as recebe de 1838 a 1842, ano em que a família, por motivos políticos, deve transferir-se para o Rio Grande do Norte, Serra do Martins, na Vila da Maioridade, hoje cidade de Martins, onde freqüenta aulas públicas de latim e, após dois anos de estudo da língua, chega a substituir o professor. Em 1846, regressa com a família ao Ceará, fixando-se na capital da província. No liceu ali existente, completa, sob as vistas e a orientação do irmão mais velho, o ilustrado Dr. Manuel Soares da Silva Bezerra, seus estudos preparatórios, sendo sempre considerado o primeiro aluno daquele estabelecimento.

O ano de 1851 assinala um dos passos decisivos na vida de Bezerra de Menezes. Certamente impelido pelo secreto impulso de uma vocação que já lhe caracterizava a reta tra-

---

[4] XAVIER, Francisco Cândido. *Brasil, coração do mundo, pátria do Evangelho*, cap. XXII. Ditado pelo Espírito Humberto de Campos, 24. ed. Rio de Janeiro: FEB, 1977.

jetória de múltiplas encarnações dedicadas aos serviços da caridade, embarca para o Rio de Janeiro com a nobre inspiração de seguir a carreira médica. Em novembro do ano seguinte ingressa, como praticante e interno, no Hospital da Misericórdia, logo conquistando a estima e a confiança do conselheiro Dr. Manuel Feliciano Pereira de Carvalho, professor de clínica cirúrgica.

Nesse período, experimenta as agruras da solidão e das privações materiais, sendo obrigado a buscar recursos com que pudesse viver e custear os estudos, dando aulas de Filosofia e de Matemática. Apesar de as influências do meio estudantil o haverem feito abandonar o credo católico e professar o ceticismo em matéria de religião, não renunciou, todavia, à crença em Deus e na existência da alma, permanecendo a sua conduta sempre norteada pelos superiores princípios morais que a educação no lar apenas evocara, pois já os trazia impressos nos refolhos da própria alma.

Aos superiores dotes morais aliava invulgar capacidade intelectual, sempre obtendo a primeira nota nos exames anuais da faculdade — *Optima cum laude.*

É em 1856, com a defesa da tese "Diagnóstico do cancro", que conquista o grau de doutor em Medicina, ingressando no ano seguinte no quadro dos membros titulares da Academia Imperial de Medicina com a memória: "Algumas considerações sobre o cancro, encarado pelo lado do seu tratamento".

1858 é um ano muito significativo na fase, por assim dizer, leiga da vida de Bezerra de Menezes: amenizam-se as dificuldades materiais em que até então se debatia, graças à nomeação para os quadros do Corpo de Saúde do Exército nas funções de assistente do cirurgião-mor Manuel Feliciano Pereira de Carvalho, com a patente de cirurgião-tenente.

Os vencimentos que passa a auferir dão-lhe possibilidade de se estabelecer, as novas funções lhe permitem o exercício da clínica, e seu coração, diante de tão favoráveis condições, o impele a concretizar os nobres anseios da família, da vida conjugal, da paternidade: em 6 de novembro de 1858, Bezerra contrai núpcias com D. Maria Cândida de Lacerda.

Em 1860, ante os apelos de clientes e amigos da freguesia de São Cristóvão, onde residia e clinicava, e depois de muito resistir, alegando as pesadas ocupações da clínica, bem como evocando prudentes conselhos do velho pai, já falecido, consente que seu nome figure na lista de candidatos à Câmara Municipal do Rio de Janeiro, pelo Partido Liberal, sendo eleito em 1861. Impugnada a sua eleição pelo chefe conservador da Câmara, o Dr. Roberto Jorge Haddock Lobo, em virtude de ser ele um médico militar, Bezerra de Menezes faz o primeiro sacrifício pelo seu partido político, renunciando às funções no Corpo de Saúde do Exército, sendo então empossado naquele mesmo ano.

Sua vida política, sempre marcada pela coragem indomável, pela veemência na defesa dos fracos, pelas atitudes firmes e inflexíveis em favor da justiça e da honestidade no trato da coisa pública, o obrigaria a pagar amargo tributo ao despeito, à inveja, ao ciúme, à calúnia, à ingratidão, sem que, contudo, se houvesse jamais podido provar um ato sequer que lhe desabonasse a conduta invariavelmente reta.

Em 1863, ainda no exercício do primeiro mandato como vereador, perde, vitimada por súbita e galopante enfermidade, a querida esposa, que o deixa com dois filhos pequenos, um de três anos e outro de um ano. O golpe foi profundo, abalando-o de tal forma, física e moralmente, que o leva a um estado de prostração, aborrecido das glórias mundanas que por ela, a amada esposa, vinha conquistando. Mas, como tudo tem a sua razão de ser, e Bezerra de Menezes era um enviado do Senhor para semear a luz na escuridão moral das plagas terrenas, a viuvez o atrai mais fortemente para as cogitações de ordem espiritual. Um seu companheiro de consultório lhe oferece belo exemplar da *Bíblia*, e nas fontes das letras sagradas o entendimento e o sentimento do grande missionário se dessedentam, se asserenam.

"— Li toda a *Bíblia*, e quanto mais lia, mais vontade tinha de continuar, sentindo doce consolação com aquela leitura.

Quando acabei, eu sentia necessidade de crer, não dessa crença imposta à fé, mas da crença firmada na razão e na consciência.

Onde descobrir-lhe a fonte?

Atirei-me à leitura dos livros sagrados, com ardor, com sede; mas sempre uma falha, ao que meu espírito reclamava.

Começaram a aparecer as primeiras notas espíritas no Rio de Janeiro; mas eu repelia semelhante doutrina sem conhecê-la nem de leve! Somente porque temia que ela perturbasse a tal ou qual paz que me trouxera ao espírito a minha volta à religião de meus maiores, embora com restrições."[5]

Ainda não era a hora oportuna para o projetado encontro! Ainda lutas de outra consistência lhe haveriam de temperar o espírito para os formidáveis embates que deveria travar na arena específica de sua mais alta missão.

Permanece no cenário político, reelege-se vereador em 1864 e, em 21 de janeiro de 1865, casa-se em segundas núpcias com D. Cândida Augusta de Lacerda Machado, irmã materna de sua primeira esposa, que lhe daria sete filhos.

---

[5] Evolução religiosa de Bezerra de Menezes. *In Reformador* de abril/1951, p. 81 a 84, extraído de *Reformador* de 1892.

Em 1867 é eleito deputado geral pelo Rio de Janeiro, mas em 1868, pela ascensão dos conservadores ao poder, a Câmara é dissolvida e Bezerra se retira, não se candidatando à legislatura de 1869 a 1872 para a Câmara Municipal. Até 1873, quando se reelegeria para vereador, transcorre um período de fecundos empreendimentos materiais em favor das coletividades: cria a Companhia de Estrada de Ferro Macaé a Campos, empenha-se na construção da via férrea de Santo Antônio de Pádua, que estenderia a Macaé-Campos até o Rio Doce, dirige a Companhia Arquitetônica que, em 1872, abriu o *boulevard* 28 de Setembro no então novo bairro de Vila Isabel, e em 1875 exerceria a presidência da Companhia Carris Urbanos de São Cristóvão.

Por essa época, e até mesmo antes, Bezerra foi ardoroso abolicionista, apresentando, em livro, medidas que extinguissem a escravidão no Brasil, sem maiores danos para a nação. Também apresentaria, em 1877, soluções para o problema das secas no nordeste brasileiro.

Já ressoavam no país os primeiros ecos das clarinadas que em França anunciaram o advento do Consolador: o *Jornal do Commercio* divulga notícias, circulam, desde 1860, o folheto "Os tempos são chegados", de Casimir Lietaud, e a tradução da obra de Kardec *O Espiritismo na sua mais simples expressão*, feita por Alexandre Canu (1862), e na Bahia, por iniciativa de Luís Olímpio Teles de Menezes, fundam-se o Grupo Familiar do Espiritismo, em 1865, e o periódico *O Eco d'Além-túmulo*, em 1869.

Em 1873, enquanto Bezerra de Menezes se reelege para a Câmara Municipal do Rio de Janeiro, onde permaneceria até 1881, é criado nesta mesma cidade, em 2 de agosto, o Grupo Confúcio, a base sobre a qual se assentaria a obra tangível de Ismael no planeta, na expressão do Espírito Humberto de

Campos em *Brasil, coração do mundo, pátria do Evangelho*. Ali o angélico servo de Jesus define o caráter cristão dos trabalhos do Espiritismo no Brasil:

"A missão dos espíritas no Brasil é divulgar o Evangelho em espírito e verdade. Os que quiserem bem cumprir o dever, a que se obrigaram antes de nascer, deverão, pois, reunir-se debaixo deste pálio trinário: Deus, Cristo e Caridade. Onde estiver esta bandeira, aí estarei eu, Ismael".

No Confúcio servia, entre tantos outros trabalhadores de grande envergadura moral, a personalidade de Joaquim Carlos Travassos, responsável pela primeira tradução portuguesa de *O Livro dos Espíritos* e pela inspirada iniciativa de oferecê-la ao Dr. Bezerra de Menezes. A leitura da obra básica por excelência do Espiritismo iria suprir em seu entendimento e em seu coração as lacunas que o estudo da *Bíblia* não conseguira preencher. As grandes linhas da nova revelação, as idéias, os princípios expostos pelos Espíritos superiores não lhe eram absolutamente estranhos, pelo que nenhuma dificuldade se levanta contra o seu convencimento da verdade do Espiritismo. Era a secreta e ainda imprecisa acolhida à convocação aos compromissos com Ismael, cujo cumprimento seria a razão de ser de sua existência.

Em 1878, com a queda dos conservadores, Bezerra reelege-se deputado geral pelo Rio de Janeiro, mandato que exerce até 1885, sendo ao mesmo tempo membro da Câmara Municipal, da qual é eleito presidente efetivo de 1878 a 7-1-1881, assim também respondendo pela administração da cidade, como os prefeitos atuais.

Entrementes, desde a fundação do Grupo Confúcio, esboçam-se no nascente Movimento Espírita, no Rio de Janeiro, as linhas de divergência que viriam a exigir a pronta ação de Bezerra de Menezes no momento aprazado. Por discórdias intestinas, nascidas principalmente da resistência de adeptos contra o caráter cristão do Espiritismo, alguns dissidentes se retiram para fundar, em 1876, a Sociedade de Estudos Espíritas Deus, Cristo, Caridade, cujo programa incluía o estudo dos Evangelhos e onde Bittencourt Sampaio, intermediando receitas homeopáticas dos Espíritos, atrairia valorosos adeptos para o círculo dos discípulos de Ismael, entre os quais a vigorosa personalidade de Antônio Luiz Sayão, com quem mais tarde fundaria, em 1880, o Grupo Ismael. Pelas mesmas influências, a divisão se instala na sociedade Deus, Cristo, Caridade, que se transforma em Sociedade Acadêmica Deus, Cristo, Caridade com programa mais inclinado ao estudo dos aspectos científicos do Espiritismo. Os dissidentes dessa orientação fundam em 1880 a Sociedade Espírita Fraternidade que, mais tarde, ainda e sempre pela mesma influência, se transformaria na Sociedade Psicológica Fraternidade.

Em 1882, embora já convencido das verdades espíritas, Bezerra de Menezes recebe provas tais da intervenção dos Espíritos em frisantes fenômenos mediúnicos, que passa também a fazer investigações experimentais sobre vários pontos da ciência espírita, assim completando a construção intelecto-moral que o conhecimento da *Bíblia* e a leitura das obras doutrinárias haviam iniciado. Com esse arsenal estaria apto às liças que o aguardavam. O fato é que, em 1882, se havia curado, em três meses, de uma enfermidade que se arrastava por cinco anos, bem como vê a esposa resgatada de morte iminente, graças aos tratamentos que a ambos foram ministrados através do conhecido médium João Gonçalves do Nascimento.

Apesar de não haver ainda confessado publicamente a sua crença, Bezerra era bastante conhecido e respeitado nos círculos espíritas do Rio de Janeiro, como o prova o fato de que o fundador de *Reformador*, Augusto Elias da Silva, bate à sua porta, naquele ano de 1882, em busca de orientação para a linha que o novo periódico deveria seguir. Então, a Igreja Católica assestava suas baterias contra o Espiritismo e contra os espíritas, instigando os católicos, em pastoral daquele ano, a que, por dever de consciência, odiassem a Doutrina Espírita e os seus seguidores. Bezerra, tocado certamente pelas inspirações de Ismael, recomenda-lhe moderação, prudência e, acima de tudo, amor: jamais revidar com as mesmas armas. Estava definido o caráter, mantido até hoje, do secular órgão da Federação, fundado em 1883. Não se limita Bezerra, porém, ao simples aconselhamento. Dá-lhe corpo por meio de artigos impressos no próprio *Reformador*, em que comenta, com profundidade e serenidade, as linhas gerais do Catolicismo, ao mesmo tempo em que a mencionada pastoral recebe judiciosas análises, igualmente serenas, de Antônio Pinheiro Guedes, sob o pseudônimo *Guepian*, e de Francisco Raimundo Ewerton Quadros, sob o pseudônimo *Freq.*, Bezerra subscreve seus artigos com as iniciais AM.

A Federação Espírita Brasileira, que surge no cenário terreno em 2 de janeiro de 1884, não vê Bezerra de Menezes entre os seus fundadores, mas assim convinha aos superiores interesses da causa do Espiritismo no Brasil. O evento, não obstante sua relevância no desdobramento do programa concebido por Ismael, era uma dentre as muitas etapas do arroteamento do campo em que Bezerra promoveria semeadura definitiva, no tempo oportuno, quando se serviria das potencialidades da Federação já cultivadas por desbravadores que, segundo a inspirada palavra de Canuto Abreu,

> (...) reuniam, na inconsciência dos que obedecem aos desígnios divinos, os materiais necessários ao chefe. Elias levara

para o campo a sua ferramenta: o *Reformador*; Pinheiro Guedes, a sua, a homeopatia; Quadros, a sua, a esperança geral de harmonia; Figueira, a sua, a intuição, que está no nome da sociedade. Essas dádivas de primeira hora seriam nas mãos de Bezerra de Menezes os elementos da vitória, e ainda o são hoje, da sua conservação. [6]

As conferências públicas para a difusão do Espiritismo que a Federação passa a promover, a partir de 1885, por iniciativa de seu primeiro presidente, Ewerton Quadros, movimentam multidões atraídas pelo verbo de eminentes vultos do meio espírita e do meio social, mas nenhuma delas atingiria a espetacular repercussão da que havia sido programada para o dia 16 de agosto de 1886, no grande salão da Guarda Velha: Bezerra de Menezes, perante um auditório de quase 2.000 pessoas, sacode os arraiais da política, da religião e da Medicina, proclamando solenemente a sua adesão ao Espiritismo, após dez anos de amadurecimento intelectual e moral, durante os quais amealhou cabedais e ofereceu testemunhos para, só então, enfrentar desassombradamente as tremendas responsabilidades de condutor do Movimento Espírita do Brasil, missão aliás que absolutamente não cessaria com a sua desencarnação.

Em 1887, dá início, nas páginas de *O Paiz*; um dos mais conceituados órgãos da imprensa carioca, com o pseudônimo *Max*, a uma série de artigos doutrinários sob a epígrafe Espiritismo — Estudos Filosóficos, sem que fosse interrompida a sua colaboração em *Reformador*. Seus escritos continuaram no *Jornal do Brasil* (1895) e na *Gazeta de Notícias* (1895

---

[6] ABREU, Canuto. *Bezerra de Menezes: Subsídios para a História do Espiritismo no Brasil até o ano de 1895*. 3. ed., p. 137. São Paulo: FEESP, 1987.

a 1897). Ao mesmo tempo produz livros que muito contribuiriam para o enriquecimento da literatura espírita. Dessas obras, duas, atravessando o século como fontes constantes de estudo, ainda hoje permanecem na linha editorial da FEB: *Uma carta de Bezerra de Menezes* e *A loucura sob novo prisma*.

Bezerra trazia indelevelmente impresso na alma o programa que o Alto lhe confiara:

"(...) concentrar as nossas energias no país do Cruzeiro, dirigindo-as para o alvo sagrado dos nossos esforços. (...) Arregimentarás todos os elementos dispersos, com as dedicações do teu espírito (...), com a plena observância do código de Jesus e com a nossa assistência espiritual, pulverizarás todos os obstáculos, à força de perseverança e de humildade (...)."

E o que era esboço assume contornos nítidos e precisos.

A desarmonia existente entre os espíritas, divididos em diversos grupos isolados, dá ensejo, nos anos de 1888 e 1889, a que o Alto permita a manifestação do próprio Codificador do Espiritismo, através do médium Frederico Júnior, na Sociedade Espírita Fraternidade. Allan Kardec exorta os adeptos à união, à harmonia, na prática do estudo, da caridade e da unificação, e tais idéias, por evocarem a própria missão de Bezerra de Menezes, encontram nele fervorosa acolhida. Vê na Federação, então sob a sua presidência, o órgão ideal para que se concretize a unificação dos espíritas, pelo que nela instala, em 1889, com a aprovação de todos os grupos existentes no Rio de Janeiro, o Centro da União Espírita do Brasil, revivendo uma iniciativa que, com idêntico objetivo e a mesma denominação, havia surgido nos quadros da Sociedade Acadêmica Deus, Cristo, Caridade, no ano de 1881.

Mas ainda seriam baldados os esforços de Bezerra: não obstante os apelos de Allan Kardec, lastreados na essência mesma do Evangelho, os espíritas ainda se obstinavam nas divergências que os dividiam nas duas grandes correntes dos "científicos" e dos "místicos", e, como em 1881 na "Acadêmica", fracassa a iniciativa do "Centro".

Prossegue, porém, o grande missionário no devotamento à obra de dotar o Movimento com os instrumentos que o haveriam de conduzir à união e à unificação. Institui na Federação, durante sua gestão de 1889, o estudo semanal de *O Livro dos Espíritos*, até hoje mantido, e mais adiante, traduz o livro *Obras Póstumas*, de Allan Kardec, cuja publicação se daria em 1892, ao mesmo tempo em que vai conquistando o honroso título de "Médico dos pobres" na eterna gratidão das legiões de necessitados que, em sua abençoada clínica médica, colhiam alívio, consolo e auxílio, material e espiritual. Ainda em 1889, Bezerra ocupa em *Reformador* o cargo de chefe de redação.

Em 1890, na vice-presidência de Bezerra de Menezes, funda-se na Federação, por iniciativa do Dr. Polidoro Olavo de São Thiago, a "Assistência aos necessitados" que, na justa expressão do Espírito Humberto de Campos, vincularia a instituição, no plano material, a todos os corações infortunados e sofredores, ajudando-a a conservar-se no programa do Evangelho em meio às ideologias novas e às perigosas ilusões do campo social e político. No ano seguinte, ainda sob a vice-presidência de Bezerra de Menezes, busca-se montar uma oficina tipográfica própria, para impressão de *Reformador* e de obras de propaganda, tentativa que não chegou a se concretizar.

Segue-se, a partir de 1891 e até 1895, um período de obscuras influências no seio de todas as organizações e grupos espíritas. Inclinam-se muitos adeptos cultos a um presunçoso cientificismo no estudo das revelações espíritas, pondo-se de lado quaisquer cogitações em torno dos aspectos filosófico e religioso. O quadro político, social e cultural da época vê-se conturbado pela influência conjunta do que Canuto Abreu com razão identifica como os quatro inimigos do Espiritismo: Positivismo, Materialismo, Racionalismo e o clero católico. A inclusão do Espiritismo no novo *Código Penal*, surgido com o advento da República, faz com que o Centro da União Espírita, do qual era presidente Bezerra de Menezes, dirija, em 22-12-1890, um memorial ao Presidente da República em defesa do Espiritismo, contra certos artigos do novo *Código Penal*. Não surtindo efeito, Bezerra, junto com Pinheiro Guedes, Dias da Cruz, Almeida Nogueira, Aristides Spínola Zama e outras ilustres personalidades, assinam representação ao Congresso Nacional, datada de 10-8-1893, pedindo que se reconheça a inconstitucionalidade do *Código Penal* nos artigos que punham em risco os direitos e as liberdades dos espíritas. Tudo isso dá ao Movimento Espírita uma consciência mais clara da necessidade de união, e, pelos judiciosos argumentos de Augusto Elias da Silva, todos se voltam para a Federação. A primeira sociedade a se aproximar é a própria Fraternidade que, em ofício de 4 de janeiro de 1891, declara:

"Já é tempo, com efeito, de abandonarmos as quimeras e os desvios por onde falsos profetas, encarnados e desencarnados, nos têm dirigido; e convictos, como devemos estar, de que só a união faz a força e que só pela fraternidade podemos obter mais e melhor, unamo-nos de uma vez, para que a luz de um supra a de outro, para que ao menos possamos sair do abecê. Se o 'Centro' não pôde fazer o que tanto aconselhou o Mestre pela Fraternidade, faça-o a Federação, para onde convergem todas as esperanças e que, mantendo-se firme pela perseverança e pelo trabalho, sustenta, além disso, um órgão que, devendo ser auxiliado por todos, está no caso de difundir e propagar a luz".

À adesão da Fraternidade à FEB seguiu-se a de muitos outros grupos, vendo-se nesse alvitre a providencial intervenção de Ismael que, assim, fortalecia a célula doutrinária que havia escolhido para ser "a depositária e diretora de todas as atividades evangélicas da pátria do Cruzeiro".

Novas e mais terríveis vicissitudes, externas e internas, abatem-se sobre as fileiras espíritas, e seus sombrios efeitos não poupam sequer a Federação em que Ismael depositava suas esperanças. Sempre o velho e venenoso fermento do personalismo, do apego a vaidosas interpretações particularistas em prejuízo do fundamental, desprezando-se a segurança da harmonia pelos descaminhos da confusão, da cizânia... Bezerra mantém-se firme no cumprimento de seus deveres, divulgando a Doutrina na coluna dominical de *O Paiz* e nas páginas de *Reformador*, vivendo em honrada pobreza, recebendo alento espiritual nas reuniões do Grupo Ismael, havendo nessa época, no espaço de apenas um ano e meio, experimentado o testemunho da perda de três filhos. Jamais lhe faltou, com efeito, o conforto de inúmeras mensagens mediúnicas de amigos, familiares, dos próprios filhos, mescladas de conselhos, advertências, palavras de coragem e ânimo, buscando suavizar a dor e a tristeza por que passava. Tudo isso ocorre de 1887 a 1894, como que a fortalecê-lo para os novos embates que se aproximavam.

Em 1895, a Federação atravessa grave crise interna que, graças à zelosa e providencial intervenção de quatro fiéis discípulos de Ismael — Alfredo Pereira, Dias da Cruz, Elias da Silva e Fernandes Figueira —, culmina com o convite a Bezerra de Menezes para que assuma, com poderes absolutos, a sua presidência. Bezerra reluta, mas antes de uma formal recusa decide ouvir a opinião dos companheiros do Grupo Ismael e dos Espíritos superiores que ali mantinham erguido o estandarte "Deus, Cristo e Caridade". Todos o estimulam a que assuma a grave responsabilidade, e de seu Guia espiritual, Santo Agostinho, por intermédio de Frederico Júnior, recebe a definitiva exortação:

— Aceita o convite. É um chamado. Já te dissemos mais de uma vez que a união dos espíritas e a sua orientação te foram confiadas. Não duvides nem te preocupes com as dificuldades. Faze o trabalho do homem, sem cuja boa vontade nada podemos. Cumpre o teu dever e cumpriremos o nosso.

Bezerra, emocionado, testemunha sua humildade:

— Neste caso, aceitarei e espero não me faltem o amparo de Jesus, a proteção de nossos guias, assim como o concurso de todos os companheiros do Grupo.

E Santo Agostinho encerra o decisivo diálogo com a mais expressiva das promessas:

— Iremos todos contigo!

Bezerra de Menezes é eleito presidente da Federação em 3 de agosto de 1895, com o que se estabelece a vinculação indissolúvel do Grupo Ismael, da Federação e da Assistência aos necessitados à imortal divisa de Ismael, "Deus, Cristo e Caridade", que até hoje norteia as atividades da Casa de Ismael.

Fiel às orientações mediúnicas dos grandes Espíritos que protegiam e cultivavam a árvore do Evangelho transplantada da Palestina para o Brasil, Bezerra logo cuida de imprimir orientação evangélica aos trabalhos da Federação, tendo em mente estas basilares recomendações superiores: "A missão dos espíritas, no Brasil, é divulgar o Evangelho em espírito e verdade" (Ismael); "A cada um a sua tarefa. A vossa, a maior, é o Evangelho: tendes de educar os corações" (Urias); "Reunidos em nome de Ismael, não tendes outros deveres senão estudar os Evangelhos à luz da santa Doutrina" (Allan Kardec).

Na presidência da FEB, Bezerra logo restabelece o estudo sistemático, em sessões públicas semanais, de *O Livro dos Espíritos*, prática seguida até hoje. Sua presença e o caráter evangélico que imprime às atividades da Casa estabelecem laços sempre mais fortes entre os adeptos e grupos entre si e entre estes e a Federação, preparando-se assim o terreno para vindouras semeaduras e colheitas em prol da tão desejada união, no rumo da unificação. É desse período a criação na FEB da Livraria Espírita (31-3-1897), já se cogitando da aquisição de um prédio próprio para a sua sede (*Reformador*, 1899, 15 de fevereiro, p. 2).

Em 1894, o Centro da União Espírita do Brasil entrou em nova fase, reinstalado pelo Prof. Afonso Angeli Torteroli, fazendo suas reuniões a princípio na sede da FEB. Denominou-se então Centro da União Espírita de Propaganda no Brasil e dele participavam presidentes e representantes de várias agremiações espíritas, com o propósito de trabalhar por uma unificação doutrinária do Espiritismo no Brasil. Foram diretores desse "Centro" conhecidos e respeitados vultos espíritas da época, como Bezerra de Menezes, Elias da Silva, Pinheiro Guedes, Ernesto dos Santos Silva, Lima e Cirne, Júlio César Leal e outros. Com o passar do tempo, tais foram os propósitos e absurdos ali levantados, que Bezerra, em primeiro lugar (1896), e depois outros diretores, num total de seis, se desligaram do referido "Centro", que entrou em decadência no último trimestre de 1897. O "Centro" fracassara em sua missão: em vez de unir, estava desunindo! Pretendeu-se até definir o que é o Espiritismo!

As associações espíritas que deixaram o "Centro" passaram a eleger a Federação Espírita Brasileira como o centro do Espiritismo no Brasil, ao que a Casa de Ismael, pelo *Reformador* de 15-3-1897, declarou que, no posto que lhe assinalavam, ela seria feliz com poder concorrer em tal sentido, aceitando a filiação de todos os grupos.

Alguns focos de dissidência, contrários à superior orientação, ainda se arregimentam em torno do grande missionário, mas são neutralizados por sua autoridade moral indiscutível.

Em 1899, Bezerra se inclina a instituir na FEB mais uma reunião pública semanal, destinada ao estudo dos Evangelhos à luz do Espiritismo, mas é atingido, em dezembro daquele ano, por violenta congestão cerebral que o levaria à desencarnação. A iniciativa, porém, foi concretizada e, como a outra em torno de *O Livro dos Espíritos*, mantém-se até hoje, evidenciando a solidez de critérios do grande missionário para estabelecer rumos ideais às atividades espíritas em nosso país.

O ano de 1900 inicia-se para a Federação e para os espíritas em geral sob o peso de tristes apreensões. A assembléia marcada para o dia 5 de janeiro, que certamente reconduziria Bezerra de Menezes à presidência, é adiada pela esperança em seu restabelecimento. Na data aprazada — 30 de março — seu estado físico, que só havia piorado, impõe nova dilação. Mas a missão de Bezerra havia efetivamente chegado ao termo nas regiões da vida física. O missionário desencarnaria no dia 11 de abril, em meio à consternação geral, só amenizada pela certeza de sua permanência espiritual junto aos caros irmãos de fé e às legiões de homens, mulheres e crianças de todos os credos religiosos que se socorriam de sua inexcedível generosidade. Essas mesmas legiões, nos quatro meses de sua invalidez, acorreram à sua modesta casa, na rua 24 de Maio nº 93, para lhe renderem o tributo do reconhecimento.

Agora, essas legiões de almas agradecidas afluíam ao Cemitério de São Francisco Xavier para a simbólica despedida a seu benfeitor, cujo corpo é sepultado em 12 de abril, em meio ao carinho de homenagens provindas de todos os círculos da sociedade, como o noticiaria, entre tantos outros informativos, espíritas e não espíritas, o importante periódico *O Paiz*, em suas edições de 12 a 14 de abril.

Homens ilustres, como o conde de Afonso Celso, o barão de Studart, o escritor Artur Azevedo, emitiram conceitos enaltecedores ao político e homem de bem.

Dos círculos políticos também nasceram justas e sinceras manifestações, destacando-se a homenagem que lhe foi prestada pelo Conselho Municipal do Rio de Janeiro, na 23ª Sessão Ordinária do dia 16 de abril, sob a presidência do 1º Secretário, o intendente Rodrigues Alves. Por unanimidade são acolhidos requerimentos dos Srs. Honório Gurgel e Leite Borges para que se levante a sessão em sinal de pesar pelo falecimento do Dr. Bezerra e para que se nomeie uma comissão que represente o Conselho Municipal "nos sufrágios que se celebrarem por sua alma, bem como para dar pêsames à sua desolada família".

Da França, Léon Denis, o grande discípulo de Allan Kardec, ao saber da desencarnação de Bezerra, declarou, emocionado: *"Lorsque de tels hommes disparaissent, c'est un deuil, non seulement pour le Brésil, mais pour les spirites du monde entier"*. (Quando tais homens deixam de existir, enluta-se não somente o Brasil, mas os espíritas de todo o mundo.) Era uma voz a mais, e que voz!, no reconhecimento das qualidades do valoroso seareiro do Cristo.

Nenhum evento, porém, superaria em glória e consolação, o que, ainda em 12 de abril, sem que houvessem transcorrido 31 horas sobre sua desencarnação, se concretizaria em modesto sobrado da Rua do Rosário nº 141 (depois nº 177), onde a Federação tinha a sua sede. Reuniam-se os adeptos, às 19 horas, para comemorarem a ceia do Senhor, quando, pelas faculdades mediúnicas de Frederico Júnior, ouve-se a palavra do amado Bezerra de Menezes, agora na plena liberdade dos Espíritos redimidos pela abnegação e pelo devotamento nos serviços do Senhor:

"Baixai vossos olhos sobre os meus amigos, ó Virgem Gloriosa! São também vossos filhinhos, como eu, que aflito gemi e padeci na Terra, sempre com os olhos cravados em vós. (...) Que eles possam compreender esse — amai-vos uns aos outros —, certos, convencidos de que o amor que desdobrarem de suas almas, para os seus irmãos, evola-se, libra-se aos páramos onde está o vosso amado Filho — é o amor elevadíssimo que nos vem com Jesus.

Meus caros companheiros, meus amigos, é demais a recompensa! Saudades! ouvi, de mais de um, essa palavra, mas saudades por quê?

Vê tu, meu velho amigo (para Sayão), vêem todos vocês como é fraco o espírito humano! (...) Eu estou junto de vocês, meus caros companheiros. Eu lhes peço: não quebrem essa cadeia sagrada (...)

Bezerra estará sempre unido aos vossos corações. O Bezerra pede a Deus, e Deus há de permitir que ele continue a trabalhar, a produzir na seara bendita". [7]

E o nobre pedido encontrou, como seria de esperar, a favorável acolhida do Alto. O valoroso discípulo de Ismael, agora na plena liberdade espiritual dos que venceram o mundo, havendo nele cumprido de forma irrepreensível sua mis-

---

[7] SOARES, Sylvio Brito. *Vida e obra de Bezerra de Menezes*, 9. ed. Rio de Janeiro: FEB, 1991.

são superior, renuncia às glórias de uma merecida ascensão a esferas felizes, preferindo permanecer nas regiões próximas à Terra, e, assim, dedicar-se aos serviços que seriam um verdadeiro desdobramento de sua última migração terrena: socorrer os sofredores, em nome da caridade, e promover a união dos espíritas rumo à unificação de seus trabalhos, dentro dos superiores princípios da liberdade e da responsabilidade, que tão fortemente caracterizam o ideário da revelação dos Espíritos.

Com efeito, de 1900 até os nossos dias, não há um momento sequer da vida espírita em nosso país que não receba a salutar, a caridosa influência desse venerável Espírito, desde receitas e conselhos amorosos aos mais humildes necessitados até as mais graves comunicações relacionadas aos problemas do Movimento Espírita. Sempre a sua palavra nobre, impregnada dos superiores sentimentos cristãos, aponta para a incondicional aplicação do "amai-vos uns aos outros" como fundamento de todo e qualquer esforço em favor da unificação, pois somente à luz dessa exortação do Divino Mestre as naturais divergências, as interpretações sobre as questões não essenciais, tão variadas quanto são os diversos graus de compreensão dos adeptos, se esmaecem para ceder lugar à fidelidade aos princípios fundamentais da revelação, à fraternidade, à tolerância, à união enfim.

E não somente através de mensagens o grande apóstolo tem fecundado os corações, tanto de iniciantes como de adeptos mais experimentados, para que os espíritas formem aquele núcleo da coletividade em vias de regeneração em que efetivamente se viva como "um só rebanho, sob um único Pastor". Através de médiuns especialmente dotados, Bezerra de Menezes não deixou de produzir literatura de invulgar qualidade.

Ultimamente, sua presença se tem feito ostensiva nas reuniões do Conselho Federativo Nacional, pelas belas faculdades de Divaldo Pereira Franco, sempre enfatizando a união em torno dos ideais cristãos, a fraternidade acima de quaisquer divergências particularistas e personalistas, a necessidade de se preservar o caráter evangélico do Espiritismo.

Que nossas homenagens ao venerando mentor dos trabalhos espíritas em nossa terra não se limitem à imobilidade de um artigo, de uma palestra, de uma citação, mas se traduzam em esforços sinceros e perseverantes por nos mantermos fiéis ao programa superior que ele recebeu de Jesus pelas mãos de Ismael.

Sua missão, em poucas palavras, foi exatamente dar início à unificação da família espírita no Brasil, sob a direção e a orientação da Federação Espírita Brasileira, *"para que a obra de Ismael pudesse ser livremente cultivada no século XX. E essa obra prossegue sempre. Podem as inquietações da Terra separar, muitas vezes, os trabalhadores humanos no seu terreno de ação; mas a sociedade benemérita, onde se ergue a flâmula luminosa — 'Deus, Cristo e Caridade' — permanece no seu porto de paz e de esclarecimento"*,[8] tendo Bezerra de Menezes como um de seus mais venerandos diretores espirituais.

---

[8] XAVIER, Francisco Cândido. *Brasil, coração do mundo, pátria do Evangelho*, cap. XXVIII. Ditado pelo Espírito Humberto de Campos, 24. ed. Rio de Janeiro: FEB, 1977.

REFERÊNCIAS BIBLIOGRÁFICAS

Além das obras e periódicos mencionados nas notas de rodapé, também foram consultadas as seguintes fontes:

WANTUIL, Zêus. *Grandes espíritas do Brasil.* Rio de Janeiro: FEB, 3. ed.

Esboço histórico da Federação Espírita Brasileira. Rio de Janeiro: FEB, 1924 (esgotada).

"Bezerra de Menezes. 1900 — 11 de abril — 1950." *Reformador* de maio/1950, p. 97 a 99.

"Uma fase da vida de Bezerra de Menezes." *Reformador* de agosto/1952, p. 177 a 180.

"Bezerra de Menezes," *Reformador* de julho/1966, p. 162.

ARTIGO DE AFFONSO SOARES, EXTRAÍDO DE *REFORMADOR* DE ABRIL DE 2000, P. 112 A 115, 125 A 127.

III *Ditados mediúnicos do Espírito Bezerra de Menezes*

1 Unificação

O serviço da unificação em nossas fileiras é urgente, mas não apressado. Uma afirmativa parece destruir a outra. Mas não é assim. É urgente porque define o objetivo a que devemos todos visar; mas não apressado, porquanto não nos compete violentar consciência alguma. Mantenhamos o propósito de irmanar, aproximar, confraternizar e compreender, e, se possível, estabeleçamos em cada lugar, onde o nome do Espiritismo apareça por legenda de luz, um grupo de estudo, ainda que reduzido, da obra kardequiana, à luz do Cristo de Deus. Nós que nos empenhamos carinhosamente a todos os tipos de realização respeitável que os nossos princípios nos oferecem, não podemos esquecer o trabalho do raciocínio claro para que a vida se nos povoe de estradas menos sombrias. Comparemos a nossa Doutrina redentora a uma cidade metropolitana, com todas as exigências de conforto e progresso, paz e ordem. Indispensável a diligência no pão e no vestuário, na moradia e na defesa de todos; entretanto, não se pode olvidar o problema da luz. A luz foi sempre uma preocupação do homem, desde a hora da furna primeira. Antes de tudo, o fogo obtido por atrito, a lareira doméstica, a tocha, os lumes vinculados às resinas, a candeia e, nos tempos modernos, a força elétrica transformada em clarão.

A Doutrina Espírita possui os seus aspectos essenciais em configuração tríplice. Que ninguém seja cerceado em seus anseios de construção e produção. Quem se afeiçoe à Ciência que a cultive em sua dignidade, quem se devote à Filosofia que lhe engrandeça os postulados, e quem se consagre à religião que lhe divinize as aspirações, mas que a base kardequiana permaneça em tudo e todos, para que não venhamos a perder o equilíbrio sobre os alicerces em que se nos levanta a organização.

Nenhuma hostilidade recíproca, nenhum desapreço a quem quer que seja. Acontece, porém, que temos necessidade de preservar os fundamentos espíritas, honrá-los e sublimá-los, senão acabaremos estranhos uns aos outros, ou então cadaverizados em arregimentações que nos mutilarão os melhores anseios, convertendo-nos o movimento de libertação numa seita estanque, encarcerada em novas interpretações e teologias, que nos acomodariam nas conveniências do plano inferior e nos afastariam da Verdade.

Allan Kardec, nos estudos, nas cogitações, nas atividades, nas obras, a fim de que a nossa fé não se faça hipnose, pela qual o domínio da sombra se estabelece sobre as mentes mais fracas, acorrentando-as a séculos de ilusão e sofrimento.

Libertação da palavra divina é desentranhar o ensinamento do Cristo de todos os cárceres a que foi algemado e, na atualidade, sem querer qualquer privilégio para nós, apenas o Espiritismo retém bastante força moral para se não prender a interesses subalternos e efetuar a recuperação da luz que se derrama do verbo cristalino do Mestre, dessedentando e orientando as almas. Seja Allan Kardec, não apenas crido ou sentido, apregoado ou manifestado, a nossa bandeira, mas suficientemente vivido, sofrido, chorado e realizado em nossas próprias vidas. Sem essa base é difícil forjar o caráter espírita-cristão que o mundo conturbado espera de nós pela unificação.

Ensinar, mas fazer; crer, mas estudar; aconselhar, mas exemplificar; reunir, mas alimentar.

Falamos em provações e sofrimentos, mas não dispomos de outros veículos para assegurar a vitória da verdade e do amor sobre a Terra. Ninguém edifica sem amor, ninguém ama sem lágrimas.

Somente aqui, na vida espiritual, vim aprender que a cruz de Cristo era uma estaca que Ele, o Mestre, fincava no chão para levantar o mundo novo. E para dizer-nos em todos os tempos que nada se faz de útil e bom sem sacrifícios, morreu nela. Espezinhado, batido, enterrou-a no solo, revelando-nos que esse é o nosso caminho — o caminho de quem constrói para Cima, de quem mira os continentes do Alto.

É indispensável manter o Espiritismo, qual foi entregue pelos mensageiros divinos a Allan Kardec, sem compromissos políticos, sem profissionalismo religioso, sem personalismos deprimentes, sem pruridos de conquista a poderes terrestres transitórios.

Respeito a todas as criaturas, apreço a todas as autoridades, devotamento ao bem comum e instrução do povo, em todas as direções, sobre as verdades do espírito, imutáveis, eternas.

Nada que lembre castas, discriminações, evidências individuais injustificáveis, privilégios, imunidades, prioridades.

Amor de Jesus sobre todos, verdade de Kardec para todos.

Em cada templo, o mais forte deve ser escudo para o mais fraco; o mais esclarecido, a luz para o menos esclarecido, e sempre e sempre seja o sofredor o mais protegido e o mais auxiliado, como entre os que menos sofram seja o maior aquele que se fizer o servidor de todos, conforme a observação do Mentor divino.

Sigamos para frente, buscando a inspiração do Senhor.[9]

Mensagem recebida pelo médium Francisco Cândido Xavier, em reunião da Comunhão Espírita Cristã, em 20-4-1963, em Uberaba-MG. Extraída de *Reformador* de outubro de 1995, p. 314.

[9] Esta mensagem foi inserida em primeiro lugar porque representa o delineamento geral do trabalho de união dos espíritas e de unificação do Movimento Espírita federativo. – Nota do organizador.

2 União com Jesus

Paz. A linguagem humana não possui frases capazes de vos patentear toda a gratidão de meu espírito, acabrunhado pelas considerações imerecidas recebidas do anjo de Jesus. — Não vos iludais, meus amigos, não foi Bezerra que atraiu Ismael, para presidir o vosso trabalho —, foram os vossos corações, que sentem por mim o amor que, partindo do seio de Deus, vem por intermédio desse grande rio caudaloso que se chama o Evangelho, e derrama sobre as pobres criaturas da terra a luz brilhante que irradia do seio de Jesus.

Foi o amor —; só o amor é capaz de tais cometimentos.

Amemo-nos uns aos outros, e seremos felizes, porque só assim seremos discípulos de nosso Senhor Jesus Cristo.

Meus caros companheiros, meu espírito não encontra termos para vos agradecer, a vós também, o prazer que me dais, porque eu sinto em cada um de vós um pecador, porém um crente, capaz de amar a causa de nosso Senhor Jesus Cristo. — Vós bem compreendeis: o modelo é o Evangelho: ele aí está —; segui-o.

Quão feliz seria o vosso amigo, se vos visse sempre unidos como hoje! Quanto ganharia a Doutrina e vós mesmos!

Uni-vos pelo amor de Jesus. — Ele é a luz, Ele é o caminho.

Jesus! Mestre, amigo e Senhor!

Eu vos agradeço as venturas que, imerecidas, goza o meu espírito. Obrigado, Senhor!

Deus vos abençoe e ilumine.

COMUNICAÇÃO AO FINAL DA REUNIÃO PÚBLICA DE 11-4-1901, PUBLICADA EM *REFORMADOR* DE 15-4-1901.

3 O programa da FEB

Meus queridos amigos.

Louvado seja por toda a eternidade o Cordeiro de Deus!

Atraído pelos vossos sentimentos, sou igual e sumamente grato aos conceitos emitidos em meu favor, conquanto deles me não julgue digno pelo só esforço de me revelar o mais insignificante soldado das hostes de Jesus, a quem tudo devo, inclusive a felicidade, que hoje desfruto.

Há muito acalento o desejo e espreito a oportunidade de vos falar assim de viva voz, não obstante a minha assídua permanência a vosso lado, no posto de trabalho que a misericórdia de Deus e a graça de Jesus me confiaram.

Hoje, que tivestes a lembrança de invocar o meu nome sob os desígnios e consoante a vontade de Jesus, aqui estou a dizer-vos:

Ah! quem me dera ter caridade e ser humilde!

Mas, como esse Jesus é bom, como Ele me curou e curará a todos vós, eu vos direi — Avante, lutai sem temor, desenvolvei a vossa fé, buscai nas páginas do Evangelho — manancial inesgotável de amor, de caridade, de misericórdia — as forças para prosseguirdes na vossa trajetória.

Não vos preocupeis com a luta que vem travada, visto que Ele, o Cordeiro de Deus, tem os seus legítimos defensores, que são os seus mensageiros encarregados de velar pela marcha e propagação da sua doutrina no mundo.

Não se intimidem, tampouco, os vossos espíritos pelas constantes investidas dos agentes das trevas contra este templo.

Mas, digo-vos eu, intimidai-vos antes de vós mesmos; temei, amigos, as vossas fraquezas, pois são elas que nutrem e fortalecem as hostes inimigas.

Rendei graças a Deus, sempre, e no íntimo das vossas consciências fazei vibrar bem alto o reconhecimento por haver Deus permitido possuirdes aqui um lugar de trabalho.

É aqui, de fato, a grande oficina, na qual se formam e aptos se tornam os artífices para curar os enfermos do corpo e da alma.

Como é grandioso, como é extraordinário o que se passa acima das vossas cabeças!

Ah! que por viverdes ainda mergulhados no cárcere da carne, não possais apreciar, em toda a plenitude e beleza, esses quadros inenarráveis!

Mas dia virá no qual, como eu, coxo e estropiado, também tereis a vossa recepção neste plano...

E como eu, exclamareis então: Como Deus é bom!

O momento, meus amigos, não comporta desenvolvimento de programas, ainda mesmo porque o instrumento de que me utilizo pela primeira vez não está apto para tanto; mas eu respondo ao vosso pensamento em duas palavras:

A Federação tem a sua orientação traçada, orientação que tem dado frutos excelentes e continuará a dá-los.

Quanto à propaganda, falaremos mais tarde e oportunamente, porque ligadas a ela há muitas questões não menos importantes e que precisam ser abordadas.

Cumpram vocês à risca, — digo eu — o programa traçado pela Federação, tornem-se passivos e obedientes às sugestões dos guias, cerrem colunas de modo a não permitir brechas ao inimigo, abriguem-se sob o estandarte do Evangelho, procurem com calma interpretar os seus ensinamentos; não se dividam por princípio algum, afirmem, e mais, demonstrem aqui dentro e lá fora que este templo é de Jesus, onde só se pratica o bem e a caridade, amem-se uns aos outros, em suma, e eu estou bem certo que essas prevenções, essas barreiras de improviso levantadas cairão por terra como por encanto, a fim de que fulja radiante, luminosa, e digna de veneração a figura gigantesca de nosso Senhor Jesus Cristo — que estende sobre esta casa o seu manto misericordioso.

Por hoje, não devo ir além. Ao despedir-me, agradeço do fundo d'alma o testemunho eloqüente da vossa solidariedade e simpatia ao vulto desvalioso e insignificante do vosso obscuro e sempre dedicado companheiro.

Extraído de *Reformador*, de 1-5-1916, p. 158 e 159
— seção "Ditados".

4 Provações

Meus amigos e companheiros de jornada.

Paz, em nome de nosso Senhor Jesus Cristo. O tempo corre célere para as vossas existências transitórias e ainda não vos desobrigastes de todas as promessas que fizestes ao Cordeiro de Deus, no sentido de pregardes o seu Evangelho.

Os tempos que se aproximam velozmente, plenos de dores e de angústias, de gritos e de ranger de dentes, exigem de vós todos, espíritas, o máximo esforço, até o sacrifício da própria vida, para a difusão das verdades que já vos foram reveladas em toda a sua clareza e magnitude.

A seara se mostra opulenta de trabalho; mas quão poucos são ainda os trabalhadores que, enfrentando os rigores do sol abrasador do remoque, da maldição e dos martírios, dedicam todo o carinho ao seu cultivo para torná-la fértil.

Quão poucos são ainda os espíritas que encaram o momentoso problema desta época de responsabilidades para a prédica do Evangelho!

A maior parte da massa dos que já foram iluminados pela revelação se acha dividida e subdividida em mesquinhos partidos pessoais!

Lamento e choro essa vesânia dos pobres cegos, que tanto devem àquele que os arrancou dos despenhadeiros do crime e do lodaçal das paixões infectas. Lamento-os e os exorto a que quebrem esses propósitos antifraternos e pouco cristãos e, sem perda de tempo, corram ao templo de Ismael, onde poderão, unidos, oferecer às avalanches da maldade e às hordas desenfreadas do crime, a formidável muralha da fé potente e viva.

O Espiritismo, caudal poderosa que desce das maiores alturas, no dia em que encontrar os novos legionários unidos por um só sentimento, por um só pensamento, dominará a Terra inteira, fundindo todas as religiões em uma só, onde melhormente o homem oferecerá o seu coração como tabernáculo purificado pelo amor ao Senhor dos mundos.

Paz! Paz desejamos a vós outros, pequeninos obreiros, e, aconteça o que acontecer, suceda o que suceder, qualquer que seja o modo por que vos firam a perversidade e o mal, não consintais que as pérolas de amor ainda uma vez caiam nos vossos corações como em terreno árido. Paz.

Extraído de *Reformador* de 16-11-1920, p. 247 – seção "Ditados".

5 Orar e vigiar

Meus amigos, paz.

Esta palavra, assim repetida constantemente, poderia parecer impertinente a quem não haja penetrado toda a sua extensão e altitude! Entre os discípulos do amado Mestre, outrora, nas criptas, nas catacumbas, em comunhão de santidade, ou nos circos romanos, beirando o sacrifício da própria vida, ela significava a plena identidade de vistas na aquisição da verdade, que o próprio Divino Mestre personifica.

Haverá, meus amigos, entre vós, esse sentimento de solidariedade, de comunhão perfeita para o entendimento das coisas santas? Crede que, se assim for, em espírito e verdade, as iniqüidades do mundo não perturbarão a vossa serenidade, sejam elas quais forem. Se, ao contrário, o vosso espírito se conturba, se o vosso espírito se exalta, se o vosso espírito repele a dor, o sofrer muito, então não tendes essa paz. E que não a tendes, meus queridos amigos, eu bem vejo e melhor o sinto. Pobre larva da terra, também lutei por alcançá-la e, quando mais julgava possuí-la, ela me fugia. É contingência humana, é lei fatal e benéfica de reparação.

Mas o que se vos pede, ante o tumulto do mundo em fogo, não é a beatitude dos justos e redimidos, oh! não! O que se vos pede é o esforço necessário e contínuo para entender desde já a paz de Jesus, que buscais encontrar aqui.

Por isso, meus amigos, outro conceito vos repetimos, profundo, e que só é banal para os que não se estudam a si mesmos, nem presumem das próprias fragilidades. É o — orai e vigiai.

Sim, meus amigos, orai para poderdes vigiar, isto é, socorrer-vos daqueles que podem, de fato e direito, distribuir, na senda ígnea que percorreis, a Paz de Jesus, sem a qual o mundo já seria vulcão.

Paz, portanto, meus amigos, na medida das vossas consciências, mas que essas consciências sejam esclarecidas pela luz do Redentor, que é, simbolicamente, a Doutrina que estudamos. Estudai com atenção, meditai com amor e aceitai o meu voto de paz em nome daquela que representa o amor do Cordeiro de Deus.

EXTRAÍDO DE *REFORMADOR* DE 1-8-1921, P. 319-320
— SEÇÃO "DITADOS".

6

Os benefícios da Doutrina Espírita

Paz, amor e caridade entre todos os Espíritos da Terra e de todos os planetas.

A paz divina do Salvador baixe entre vós neste momento, amados irmãos meus.

O Espiritismo está convosco, o Espiritismo está na Terra confiado às vossas mãos. Essa grandiosa obra que não tem parada, porque a sua evolução é permanente, está entregue aos cuidados dos homens e sua direção ao Espírito imaculado de nosso Senhor Jesus Cristo, a cuja grandeza, a cuja sabedoria deveis o seu início entre os homens. Meus amados irmãos, que tendes recebido dessa religião? (Porque, sabeis, se o Espiritismo é ciência, é também religião.) Que tendes recebido dessa fonte de bênçãos que corre do Alto para vós, sem cessar?

Quantas vezes a cura dos vossos corpos enfraquecidos, quantas vezes o consolo das vossas almas abatidas, quantas vezes a energia para o vosso espírito prestes a sucumbir, quantas vezes o conforto, a consolação, a doçura, nos momentos em que, no mundo, nada serve de âncora de salvação!

Todas estas bênçãos tendes recebido do Espiritismo. Ele é, portanto, manifestação do próprio Deus entre vós, porque todo o bem, toda a misericórdia não tem outra origem. Encaremos o ponto por outro prisma. Que tendes feito pelo Espiritismo? Sabeis que grande é a responsabilidade vossa; possuís o gozo, o benefício dessa religião que enche de consolações a vossa alma. Sabeis também que o mandamento do amado Mestre: *fazei aos outros aquilo que quereis para vós mesmos* — tem de ser expressamente cumprido e, para esse fim, deveis levar avante a palavra do Espiritismo e fazer com que os outros, em igualdade de circunstâncias, recebam as mesmas bênçãos que tendes recebido.

Há muito trabalho sobre a face da Terra, amados irmãos meus; tendes de tomar neles parte ativa; há muita alma que geme, muito corpo transido de dor, muita criatura que desconhece o amor de seu Deus, muitos tristes que choram em vão, porque as suas lágrimas não recebem consolo.

Onde, pois, existirem essas dores, essas angústias, que só a alma tem o dom de comunicar a outra alma, ide com a palavra sagrada do Evangelho levar o remédio ao necessitado.

Nenhuma ciência, nenhuma outra religião tem este poder salutar, vós o sabeis por experiência própria. Ide, pois, de lugarejo em lugarejo, de choupana em choupana, de palácio em palácio, por toda a parte enfim, levar o consolo do Espiritismo.

Fazei com que a essas criaturas ignorantes chegue o conhecimento das verdades eternas, que transformarão suas noites tenebrosas em perfeitos dias de sol luzente.

Amados irmãos meus, demos graças imensas ao Pai de infinita misericórdia que, estendendo sua bondade sem limites até este minúsculo planeta, permite que seus filhos desçam até vós, trazendo-vos as verdades de que o infinito está cheio, trazendo uma parcela desse amor que inunda o Universo inteiro, fazendo com que uma centelha do amor divino brilhe nos vossos corações, incendiando-os, enchendo-os de amor ao vosso próximo, a fim de que, pelo exemplo, a caridade perfeita seja bebida nas páginas benditas do Evangelho do Cristo e possais cumprir a vossa tarefa na Terra.

Ninguém suponha que, baixando a este mundo, vem sem encargo para desempenhar e sem dores e expiação para suportar. É certo que os vossos espíritos sofredores buscam a encarnação terrena para expiação de culpas anteriores; é certo também que muitos de vós baixam aqui trazendo uma tarefa; tomai, por isso mesmo, muito cuidado em não vos esquecerdes das vossas responsabilidades, desviando o pensamento da rota que traçastes no Infinito, permitindo que o egoísmo, as tentações do mundo, o orgulho e, sobretudo, a vaidade e a inveja empanem o brilho que deve aureolar a vossa fronte de espíritas cristãos.

Sede, pois, amados irmãos meus, fervorosos e cuidadosos, vigilantes e atentos, rogando ao Pai de infinita misericórdia que ampare o menor dos vossos atos e pensamentos, que não vos deixe cair em tentações, e, sobretudo, que alimente a chama da vossa fé, para que, quando as provações que estão para chegar se aproximem, a vossa força não desfaleça, antes seja tão viva, tão resoluta, tão resistente, que possais arcar com todo sofrimento que porventura a Misericórdia divina faça cair sobre as vossas cabeças. No além, em futuro próximo, vereis o sol nascente, vereis o resultado das vossas penas e grande será a vossa alegria, podendo dizer: Senhor, graças a ti, executei a tarefa que confiaste ao teu servo.

Bendito seja entre vós o sagrado nome de nosso Senhor Jesus Cristo, glória seja dada a Deus no Céu, na Terra e em todos os mundos superiores, a paz bendita do Espiritismo perdure em vossos corações, purificando-os, santificando-os e edificando-os nas verdades cristãs.

Que assim seja, para vossa felicidade.

MAX[10]

EXTRAÍDO DE *REFORMADOR* DE 16-10-1923, P. 400-401 – SEÇÃO "ECOS E FATOS", RECEBIDO PELA MÉDIUM AURA CELESTE.

[10] Max era pseudônimo usado por Bezerra de Menezes.

7 Misericórdia Divina

Meus amigos e meus irmãos em Jesus, paz aos vossos corações e luz às vossas consciências.

Em regra, quando aí na Terra recebemos uma réstia de luz, julgamo-nos iluminados, ou, pelo menos, mais esclarecidos do que os nossos irmãos que da mesma centelha não partilharam. E partimos contentes, a proclamar a nossa dita, julgando-nos perto da conquista definitiva da felicidade que almejamos. Pobre do homem! Pobre filho do pecado. Isso também me sucedeu. Bafejado pela iluminação de meu Guia, eu, mísero verme, mal saído do lodo, julgava-me mais perto do Céu — do céu que eu arquitetara.

E não sabia, como agora o sei, que essa luz só me foi concedida como fruto de misericórdia, justamente porque sem ela eu fora mais falido do que outros que a não possuíam! Pobre vaidade, estúpido orgulho humano, que da própria esmola divina faz patrimônio de presunção! Aqui chegados, entretanto, vemos melhor estas coisas e então, e só então, nos convencemos de que mais é o negativo que o positivo do nosso esforço, ou, por outra, o que fizemos é nada em relação ao que puderamos fazer. Irmãos, amigos, companheiros, essa desilusão é comum aqui entre os que aí se presumem obreiros da salvação e aqui aportam com a sua bagagem de preconceitos, julgando terem feito mais que os seus irmãos. Outros, descansam à sombra dos primeiros louros colhidos e pensam mais no que fizeram do que no que deixaram de fazer! Engano, cegueira, fatalidade, eis que importa combatê-la, concitando o discípulo do Evangelho a não considerar jamais terminado o seu dia de trabalho.

A luz, meus caros, que se nos dá, precisa ser difundida em prismas infinitos e vivificada pelos atos para que se possa refletir neste plano, em nós e por nós. Não vos julgueis jamais melhor quinhoados no quadro dos filhos de Deus. Antes, pelo contrário, julgai sempre que a luz é dada justamente aos caminheiros cegos e tanto mais intensa quanto mais próximos eles se encontram do abismo. Esta é a nossa, é a vossa, é a história de todos os filhos dessa terra de provação e de misérias, mas também terra bendita de redenção, como celeiro das graças de nosso Senhor Jesus Cristo. A Ele pedimos por vós e por nós. Paz e humildade, resignação e sacrifício, eis o que se vos pede para que a luz se não extinga em vossas almas.

EXTRAÍDO DE *REFORMADOR* DE 1-1-1926, P. 10 – SEÇÃO "DITADOS".

8 Provações reencarnatórias

Paz, meus caros irmãos.

Como testemunho de afeto, os companheiros que velam pelos vossos labores resolveram fosse eu hoje o encarregado de encerrar, com a palavra do Alto, os vossos trabalhos, em nome do Cordeiro Imaculado.

Servidor que fui, desta Casa, na minha condição de homem, e servidor seu que sou, como Espírito, desejo trazer-vos o conforto de nossa solidariedade na luta que sustentais. Sei quanto pesa a cruz que tendes sobre os ombros, porque também a carreguei, amparado pelos cireneus do Espaço. Por isso mesmo, venho assegurar-vos que esses cireneus se mantêm coesos em torno de nosso Senhor Jesus Cristo e ardorosos na defesa daqueles que, nesse plano, se enfileiraram nas coortes do Divino Mestre e Senhor.

Como sabeis, fui médico, meus caros companheiros; mas só compreendi a verdadeira finalidade da Medicina quando pude empregá-la concomitantemente na cura do corpo e na do espírito, porque no corpo apenas se refletem as moléstias do espírito, ou, antes, do perispírito.

O homem de Ciência, impregnado de um saber todo materialista, não pode encontrar a causa dos sofrimentos dessa natureza. Daí os insucessos da medicina materialista, em casos que são facilmente curáveis pelo médico do espírito.

Quando as academias, onde se preparam os médicos, abrirem suas portas à investigação da Verdade; quando admitirem a mediunidade e, com o seu auxílio, estabelecerem um intercâmbio científico entre os cientistas da Terra e os do Além, a arte de curar será realmente um sacerdócio.

Mas não vim aqui para prelecionar sobre assunto de tanta relevância; vim trazer-vos, repito, como me é possível, o testemunho da minha solidariedade. Bem sei que ela nada vale; dá-vos, porém, a vós outros a certeza de que nenhum dos soldados que por aí passaram desertou o seu posto. Todos observam a ação que se desenvolve em benefício da Doutrina e nessa ação colaboram. Diante do perigo, eles cerram fileiras para a defesa comum e eu vos asseguro que já principia a suceder o que vos estou anunciando. Assim aconteceu, meus caros amigos, com os apóstolos e os discípulos do Cristo, na Roma dos césares; assim acontecerá, até que os espíritas cristãos compreendam que o Cristo não é separação: é união, é unificação.

As divergências de idéias, em matéria de doutrina, não devem, não podem ser motivos de separação, nem de ressentimento. Trabalhai, meus caros amigos, a fim de que possais sentir, quando aqui aportardes, os eflúvios que descem das alturas sobre a cabeça do viajor cansado que, afinal, encontra o oásis reparador do Infinito.

Quanto é grato ao Espírito que sofre e lutou, que soube lutar, que soube vencer-se a si mesmo, sentir pousado sobre si o olhar da VIRGEM, sua padroeira. Grande reconforto daí lhe vem para o exercício de novas tarefas, na infinita Seara do Senhor.

Só há para vós um perigo, meus companheiros: a vossa falência. Se, entretanto, souberdes pedir, com os vossos corações inflamados do desejo sincero de servir ao Divino Mestre, vireis para este lado vitoriosos e felizes, com a alma a transbordar da satisfação do dever cumprido.

O Richard, o Bittencourt, o Frederico, todos os que por aí passaram estão a postos e vos falarão, cada um por sua vez, a fim de também vos testemunharem a sua solidariedade.

Paz, e que o amor da Virgem vos defenda de vós mesmos e das ciladas que vos são armadas ao longo do caminho. Deus vos abençoe, meus caros irmãos e amigos.

Extraído de *Reformador* de julho de 1939, p. 206 – seção "Ditados". Recebido sonambulicamente, em sessão do Grupo Ismael, a 5 de julho de 1939.

9 Estudo e vivência do Evangelho

Paz, meus caros amigos.

No estudo do Evangelho, é preciso não esquecer o tempo transcorrido, a evolução da Ciência e da Filosofia, de há dois mil anos a esta parte. Se vós mesmos, no curso de uma vida breve, como é a do homem na Terra, modificais tantas vezes os vossos pontos de vista, a vossa maneira de entender uma lição, como estranhar sejam obscuras algumas palavras do Cristo, que a tradição recolheu e grafou, para estudo e roteiro das gerações futuras?

Sabeis que o Evangelho todo é um simbolismo, do qual o homem separa a letra, para beber a linfa pura que educa os corações, porque pelo coração é que a criatura encontra a sua origem: Deus.

Tu disseste (dirigindo-se ao diretor): a mão que se estende à Virgem não se recolhe vazia de esmola. Ora, todo aquele que quiser compreender o Cristo precisa sentir.

Disse bem o outro companheiro que, após já longo período de labor na Seara do Senhor, é que começa a entender aquilo que há servido de fundamento ao templo de Ismael: a caridade. Quem tem caridade tem amor e quem tem amor tem tudo, porque o amor é a essência das verdades cristãs.

É necessário exista equilíbrio entre a inteligência e a humildade, porquanto o que desvaira o espírito é o julgar-se possuidor de alguma coisa. Se ele é criatura, tudo o que possui pertence, em realidade, ao seu Criador.

Mas, à medida que o tempo passa e a sua inteligência se desenvolve pela aquisição dos conhecimentos da Ciência e das coisas criadas, ele se vai olvidando da sua origem simples, por pensar que já é alguma coisa. Daí a falência, a queda, o embrutecimento do coração, o domínio das paixões, a prática dos desregramentos e das crueldades.

A continuidade dessa prática avoluma as dívidas coletivas e a necessidade das reparações.

Há vinte séculos ouviu o mundo a palavra de salvação. Complemento da Lei moisaica, essa palavra veio deixar entre os homens novas tábuas da Lei, que seria dali em diante a diretriz da Humanidade regida pelo Cristianismo. Crucificaram, porém, o Cristo, atiraram-se como feras sobre os discípulos.

Não amorteceram, entretanto, o fulgor da idéia, que varou os séculos e permaneceu latente na consciência de grande parte da Humanidade, espreitando o momento de empolgá-la toda, para a realização da profecia de um só rebanho e um só pastor.

Que são as dores do mundo, em face da perspectiva de felicidade que nós outros vislumbramos num futuro, talvez ainda longínquo para vós, mas que será realidade eterna, porque eterno só o bem o é?

Há sofrimento, porque há pecado. Extinto o pecado, extingue-se o sofrimento.

Se reconhecerdes que a obra espírita é obra de sentimento, haveis de reconhecer que o Evangelho é o escrínio que guarda o sentimento necessário a essa obra.

Assimilai-o, pois, em espírito e verdade, pregai-o pelo exemplo, fazei que as massas admirem as vossas obras e tereis então compreendido o dever que vos corre, como a discípulos do Evangelho.

Sei que é árdua a tarefa, porque a senti pesando-me sobre os ombros. Quantas vezes elevava o pensamento ao Alto, implorando socorro, porque sentia o corpo a vergar sob o peso da cruz e não percebia Cireneu a me amparar. Não compreendia que a minha situação era idêntica à do estudante que tem de demonstrar, perante uma banca examinadora, o que aproveitou do seu ano letivo.

Precisamos sentir o peso da cruz, para afirmarmos a robustez da nossa crença e a firmeza da nossa fé. Esperamos que todos vós, cada um no seu posto, saibais compreender o que vos pede o Cristo, o que de vós exige o Cristo, neste momento crucial para a humanidade terrena.

Que Deus vos guarde com suas bênçãos, derramando sobre vós o bálsamo da sua misericórdia e confortando-vos mediante a assistência de seus mensageiros, nas horas dos desalentos e dos sofrimentos.

Paz fique convosco e perdoai ao vosso condiscípulo, se porventura não pôde satisfazer ao vosso anseio por uma palavra de ordem ou de animação para a vossa tarefa. Paz.

Comunicação sonambúlica recebida na sessão de 10-4-1940
do Grupo Ismael, pelo médium João Celani.
Da obra *Trabalhos do Grupo Ismael*, volume I, 1ª edição, 1941.

10 Continuidade do trabalho espírita

Em nome de Jesus, eu vos saúdo, companheiros e condiscípulos do Evangelho.

Bem verdade que recordar é viver, e eu quero recordar o início destes estudos. Aqui estão presentes os velhos companheiros: o José, o João, o Richard, o Bittencourt, os Sayão, a Isabel, o Matos, o Cardoso, o Frederico, o Ulysses, o Fonseca e tantos outros, glorificando todos ao Senhor dos mundos, ao seu Filho dileto, à Virgem, padroeira deste colégio, e ao Anjo, seu mentor. Todos glorificam ao Senhor dos mundos, porque nenhum deixou de colher um benefício, por pequeno que fosse, destes estudos que se fizeram e se vêm fazendo, através de tantos e tantos anos.

São imensas as legiões dos aqui convertidos pelo bafejo do Evangelho de nosso Senhor Jesus Cristo! Oh! Se pudésseis ver com os olhos materiais esses felizes a entoarem conosco hinos de glória ao meigo Nazareno, que estendeu sua mão caridosa para tirar-nos das sarjetas dos vícios, das paixões e dos crimes!

Ah! Não posso conter as lágrimas da gratidão, ao contemplar a trajetória que temos percorrido! Quantas vezes o amor de Maria levantou o ânimo abatido do pobre peregrino! E era sempre a lembrança de um versículo do Evangelho que o reanimava e o versículo era sugerido por esse sublime Espírito de caridade e bondade.

Nesse tempo, mais penosas eram as lutas, mais perigoso o dizer-se alguém espírita e, sobretudo, espírita cristão, porque mesmo nas fileiras dos adeptos, havia os cientistas e filósofos a menoscabar do que consideravam fanatismo de católicos romanos.

Foi atentando na *via crucis* de Jesus Cristo que o meu espírito compreendeu quanto era necessária a humildade para dominar os sentimentos. Foi contemplando a excelsitude da obra da Virgem, que o meu espírito traçou a sua diretriz na propaganda, diretriz que me levou ao ponto de receber de todos vós tantos galardões que, todavia, não modificaram, nem podiam modificar, mercê de Deus, a minha condição de servo do Senhor.

Coube-me, pois, a mim a missão de trazer-vos estas palavras de animação, quando encerrais mais um ciclo do vosso estudo, com aproveitamento. Esse aproveitamento, meus companheiros, nós o comprovamos na orientação que a Federação continua seguindo.

Essa orientação é filha de uma compreensão justa do espírito do Evangelho, porque todo aquele que quiser conduzir uma coletividade espírita por seguros caminhos tem de procurar a luz do Evangelho.

Foi esse caminho que permitiu manter-me fiel até ao fim e é ele que certamente vos conduzirá ao seio de nosso

Senhor Jesus Cristo, alegres e satisfeitos por haverdes cumprido o vosso dever.

Grandes monumentos, meus companheiros, o sentimento erige para glorificação do Espírito puríssimo do Divino Mestre. Não são os templos de pedra que qualificam a obra dos servidores da Seara. Se assim fora, as vetustas catedrais seriam ainda hoje os templos do Espírito Santo.

Procurai erigir esses monumentos nos corações, porque, então, não haverá mister hospitais, abrigos e asilos. Procurai mostrar pela palavra persuasiva e sentida que o Cristo é, para a Terra, o único Pastor.

O idealismo político salvador do mundo será aquele que tiver seu fundamento na manjedoura, e a Humanidade, conduzida pelos partidos formados em torno desse idealismo, não mais se verá assolada pela guerra, não mais conhecerá órfãos, nem viúvas desvalidas.

Orai, pedi, suplicai à Virgem que implore do seu Jesus vos multiplique as forças para que possais cumprir o dever de lançar pelo mundo afora a palavra de verdade, dita com sinceridade, com sentimento cristão.

Quando conseguirdes formar um núcleo de consciências capazes de tal efeito, o Espiritismo terá realizado a sua obra de Consolador prometido por nosso Senhor Jesus Cristo.

Recebei a expressão dos meus sentimentos para convosco e daqueles que me delegaram o encargo de vos falar neste momento. Lembrai-vos sempre de que todos eles estão convosco, partilhando da vossa obra. Nenhum desertou.

Ao encerrardes os trabalhos de hoje, orai pela Humanidade que sofre, resgatando suas culpas, a fim de que Jesus permita que seus servos a iluminem, fazendo-lhe perceber as causas de tão terrificantes efeitos, porque, percebendo essas causas, ela encontrará o remédio para removê-las.

Agora, eu me vou, grato aos vossos corações e grato a Jesus, que me concedeu a mercê de vos falar, a vós, velhos e queridos condiscípulos.

Deus vos abençoe.

COMUNICAÇÃO SONAMBÚLICA RECEBIDA NA SESSÃO DE 13-8-1941
DO GRUPO ISMAEL, PELO MÉDIUM JOÃO CELANI.
DA OBRA *TRABALHOS DO GRUPO ISMAEL*, VOLUME II, 1ª EDIÇÃO, 1942.

11 Perseguidores

Paz, companheiros caros e obreiros da Vinha do Senhor.

Que luta inglória a desses filhos de Deus, obstinados no mal, envolvidos em treva, filha do orgulho que os domina! Malsinam os que lhes estendem mãos salvadoras, obcecados pela idéia de serem os mentores da Humanidade.

Este, meus caros companheiros, é um Espírito aferrado ao mal. Procura suavizar os seus sofrimentos com a prática da maldade. Necessitamos, pois, empregar para com ele o conselho do Divino Mestre, orando e jejuando,[11] a fim de que possa vir, da próxima vez, mais acessível às nossas exortações e aos nossos sentimentos.

Não consentimos na sua permanência mais demorada entre vós, porque seus fluidos, por demais pesados, prejudicariam a saúde do aparelho. Continuai a elevar os vossos pensa-

---

[11] Atos dos Apóstolos, 13:3 ou Marcos, 10:29.

mentos ao sólio da Mãe santíssima, deprecando suas bênçãos para esse filho de Deus e para os que lhe seguem o rastro pelo caminho da perdição.

Quando temos tão grandes deveres a cumprir, como e por que havemos de preocupar-nos com os nadas da vida terrena! Procurai viver a Doutrina, considerando-se cada um de vós um obreiro da renovação da Humanidade sofredora, a fim de que os alicerces da Casa de Ismael possam resistir ao vendaval que vergasta o vosso mundo, tentando reduzir a escombros todas as conquistas realizadas no campo da Espiritualidade.

Atentai nos sofrimentos das criaturas de Deus na Terra e no Espaço, e vede que aí está uma tarefa imensa a solicitar o labor dos servos de nosso Senhor Jesus Cristo.

Dissestе bem (refere-se ao que expressara na prece o diretor do Grupo) dizendo que mourejei de rastro ao serviço do Senhor. É que eu sabia quanto necessitava penitenciar-me do meu passado e, então, no auge da luta, da minha dor, volvia o pensamento para a cena do Calvário e lá estava sempre ela, a Virgem, a Mãe santíssima, aos pés do Cristo, serena e nobre, como que a mostrar à Humanidade de todos os tempos o caminho da salvação. Esse foi o segredo da minha própria salvação, da minha alegria, da minha felicidade.

Companheiros, a palavra que vos dirijo esta noite, palavra de saudação fraterna, é a de um servo que quis ser humilde ao serviço do seu Senhor.

Guardai estas doces lembranças, porque são um chamamento que vos animarão ao cumprimento dos deveres decorrentes da vossa tarefa.

Agora, com o espírito voltado para Deus, com o pensamento dirigido ao seu Cristo e à Virgem, padroeira deste

Colégio, recolhei-vos aos vossos lares, confiantes e tranqüilos, porque o seu bafejo amoroso desce a todos os que desejam servir a seu Filho, servindo à Humanidade.

Deus vos abençoe.

COMUNICAÇÃO SONAMBÚLICA RECEBIDA NA SESSÃO DE 22-7-1942 DO GRUPO ISMAEL, PELO MÉDIUM JOÃO CELANI. DA OBRA *TRABALHOS DO GRUPO ISMAEL*, VOLUME III, 1ª EDIÇÃO, 1943.

12 União dos espíritas

Outrora, os mártires sofreram nos circos para doar ao mundo a glória da Revelação. Através de fogueiras e sacrifícios, traçaram um roteiro de luz para o mundo paganizado; em seguida, quando as trevas da Idade Média consagravam a autocracia do poder, os cristãos livres experimentaram a perseguição, a morte e o anátema para restaurarem a senda luminosa conferindo à Terra as bênçãos da Verdade.

Hoje, porém, meus amigos, os seguidores do Mestre divino, irmanados em torno da cruz redentora, foram chamados à doação da fraternidade às criaturas. Amparados pela evolução dos códigos, que se tocaram das claridades sublimes da Boa Nova, através dos séculos, desfrutam de liberdade relativa para concretizarem a divina missão de que foram cometidos.

Antigamente, dolorosa renunciação era exigida aos companheiros do Mestre Nazareno, de fora para dentro; agora, contudo, é a luta renovadora do santuário íntimo para o mundo externo. Não é o circo do martírio que se abre na praça pública, nem a fogueira dos autos-de-fé, instaladas dentro de povos livres e robustos em nome das confissões religiosas. A atualidade reclama corações consagrados ao Senhor na esfera de si mesmos. A fraternidade constituir-se-á abençoado clima de trabalho e realização, dentro do Espiritismo evangélico, ou permaneceremos na mesma expectação inoperante do princípio, quando o material divino da Revelação e da Verdade não encontrava acesso em nossos espíritos irredimidos.

Formemos não somente grupos de indagação intelectual ou de crítica nem sempre reconstrutiva, mas, sobretudo, ergamos um templo interior à bondade, porque sem espírito de amor todas as nossas obras falham na base, ameaçadas pela vaga incessante que caracteriza o campo falível das formas transitórias.

"Amemo-nos uns aos outros",[12] segundo a palavra do Mestre que nos reúne, sem desarmonia, sem discussões ruinosas, sem desinteligências destrutivas, sem perda de tempo nos comentários vagos e inoportunos, amparando-nos reciprocamente, pelo trabalho, pela tolerância salvadora, pela fé viva e imperecível.

Se nos encontramos realmente empenhados no Espiritismo que melhora e regenera, que esclarece e redime, que salva e ilumina, sob a égide de Jesus, recordemos as palavras do Código Divino, para vivê-las na acústica de nossa alma, seguindo o Senhor em sua exemplificação de sacrifício, de solidariedade e de amor: "Eu sou o Caminho, a Verdade e a Vida". "Ninguém irá até o Pai, senão por mim."

Recebido pelo médium Francisco Cândido Xavier, no Centro Espírita Amor e Caridade, em sessão pública da noite de 14-5-1949, em Belo Horizonte-MG. Extraído de *Reformador* de janeiro de 1950, p. 8.

---

[12] João, 13:24.

13 Mensagem fraternal

Irmã Odette: que a Paz do Senhor nos felicite os corações. Mediunidade com Jesus é serviço aos semelhantes. Desenvolver esse recurso é, sobretudo, aprender a servir.

Aqui, alguém fala em nome dos Espíritos desencarnados; ali, um companheiro aplica energias curadoras; além, um cooperador ensina o roteiro da verdade; acolá, outro enxuga as lágrimas do próximo, semeando consolações. Contudo, é o mesmo poder que opera em todos. É a divina inspiração do Cristo, dinamizada através de mil modos diferentes por reerguer-nos da condição de inferioridade ou de sofrimento ao título de herdeiros do Eterno Pai.

E nessa movimentação bendita de socorro e esclarecimento, não se reclama o título convencional do mundo, qualquer que seja, porque a mediunidade cristã, em si, não colide com nenhuma posição social, constituindo fonte do Céu a derramar benefícios na Terra, por intermédio dos corações de boa vontade.

Em razão disso, antes de qualquer sondagem das forças psíquicas, no sentido de se lhes apreciar o desdobramento, vale mais a consagração do trabalhador à caridade legítima, em cujo exercício todas as realizações sublimes da alma podem ser encontradas.

Quem desejar a verdadeira felicidade há de improvisar a felicidade dos outros; quem procure a consolação, para encontrá-la, deverá reconfortar os mais desditosos da experiência humana.

Dar para receber.

Ajudar para ser amparado.

Esclarecer para conquistar a sabedoria, e devotar-se ao bem do próximo para alcançar a divindade do amor.

Eis a lei que impera igualmente no campo mediúnico, sem cuja observação o colaborador da Nova Revelação não atravessa os pórticos das rudimentares noções de vida eterna.

Espírito algum construirá a escada de ascensão sem atender às determinações do auxílio mútuo.

Nesse terreno, portanto, há muito que fazer nos círculos da Doutrina Cristã rediviva, porque não basta ser médium para honrar-se alguém com as bênçãos da luz, tanto quanto não vale possuir uma charrua perfeita, sem a sua aplicação de esforço na sementeira.

A tarefa pede fortaleza no servir, com ternura no sentimento.

Sem um raciocínio amadurecido para superar a desaprovação provisória da ignorância e da incompreensão e sem as fibras harmoniosas do carinho fraterno para socorrê-las, com espírito de solidariedade real, é quase impraticável a jornada para a frente.

Os golpes da sombra martelam o trabalho iluminativo da mente por todos os flancos, e imprescindível se torna ao instrumento humano das verdades divinas armar-se convenientemente na fé viva e na boa vontade incessante, a fim de satisfazer aos imperativos do ministério a que foi convocado.

Age, assim, com isenção de ânimo, sem desalento e sem inquietação, em teu apostolado de curar.

Estende as tuas mãos sobre os doentes que te busquem o concurso de irmã dos infortunados, convicta de que o Senhor é o Manancial de todas as Bênçãos.

O lavrador semeia, mas é a Bondade divina que faz desabrochar a flor e preparar-se o fruto. É indispensável marchar de alma erguida para o Alto, embora vigiando as serpes e os espinhos que povoam o chão.

Diversos amigos se revelam interessados em tua tarefa de fraternidade e luz, e não seria justo que a hesitação te paralisasse os impulsos mais nobres, tão-somente porque a opinião do mundo te não entende os propósitos, nem os objetivos da esfera espiritual, de maneira imediata.

Não importa que o templo seja humilde e que os mensageiros compareçam na túnica de extrema simplicidade.

O Mestre divino ensinava a verdade à frente de um lago e costumava administrar os dons celestiais sob um teto emprestado; além disso, encontrou os companheiros mais abnegados e fiéis entre pescadores anônimos, integrados na vida singela da Natureza.

Não te apoquentes, minha irmã, e segue com serenidade.

Claro está que ainda não temos seguidores leais do Senhor, sem a cruz do sacrifício.

A mediunidade é um madeiro de espinhos dilacerantes, mas com o avanço da subida, calvário acima, os acúleos se transformam em flores e os braços da cruz se convertem em asas de luz para a alma livre na eternidade.

Não desprezes a tua oportunidade de servir, e prossegue de esperança robusta.

A carne é uma estrada breve.

Aproveitemo-la sempre que possível na sublime sementeira da caridade perfeita.

Em suma, ser médium no roteiro cristão é dar de si mesmo em nome do Mestre. E foi Ele que nos descerrou a realidade de que somente alcançam a vida verdadeira aqueles que sabem perder a existência em favor de todos os que se constituem seus tutelados e filhos de Deus na Terra.

Segue, pois, para diante, amando e servindo.

Não nos deve preocupar a ausência da compreensão alheia. Antes de cogitarmos do problema de sermos amados, busquemos amar, conforme o Amigo celeste nos ensinou.

Que Ele nos proteja, nos fortifique e abençoe.

RECEBIDA PELO MÉDIUM FRANCISCO CÂNDIDO XAVIER.
EXTRAÍDA DE *REFORMADOR* DE JUNHO DE 1951, P. 131.

14 Renúncia

Reunião de 11 de março de 1954.

De posse da gravadora, o Grupo Meimei[13] iniciou o registro de instruções dos amigos espirituais, por intermédio da mediunidade psicofônica de Francisco Cândido Xavier, começando semelhante tarefa na noite de 11 de março de 1954.

Terminado o serviço de esclarecimento e socorro aos irmãos transviados no sofrimento e na sombra, que compareceram em grande número através de vários médiuns da casa, o venerável Benfeitor Adolfo Bezerra de Menezes incorporou-se, pronunciando a alocução que se segue, alusiva à renúncia, como base de felicidade e paz, dirigindo-se não apenas aos companheiros encarnados, mas, de modo particular, à compacta assembléia de Espíritos conturbados que se comprimiam em expectação no recinto.

---

[13] Grupo Meimei era uma reunião mediúnica existente em Pedro Leopoldo (MG), na década de 1950, no centro Espírita Luiz Gonzaga.

Meus amigos:

Rendamos graças ao nosso Pai celestial, guardando boa vontade para com os homens, nossos irmãos.

Como de outras vezes, achamo-nos juntos no santuário da prece...

Nossa visita, contudo, não tem outro objetivo senão colaborar na renovação íntima que nos é indispensável, a fim de que não estejamos malbaratando os recursos da fé e os favores do tempo.

Volvendo a vós outros, endereçamos igualmente a nossa mensagem a todos os companheiros que nos escutam fora da carne, órfãos de luz, ao encalço da própria transformação com o Divino Mestre, porque somente em Cristo é possível traçar o verdadeiro caminho da redenção.

Aprendamos a ceder, recolhendo com Jesus a lição da renúncia, como ciência divina da paz.

Constantemente nossa palavra se reporta à caridade e admitimos que caridade seja apenas alijar o supérfluo de valores materiais da nossa vida.

Entretanto, a caridade maior será sempre a da própria renunciação, que saiba ceder de si mesma para que a liberdade, a alegria, a confiança, o otimismo e a fé no próximo não sofram prejuízo de qualquer procedência.

Como exercício incessante de autoburilamento, é imperioso ceder diariamente de nossas opiniões, de nossos pontos de vista, de nossos preconceitos e de nossos hábitos, se pretendemos realmente assimilar com Jesus a nossa reforma no Evangelho.

Toda a Natureza é escola nesse sentido.

Cedendo de si própria, converte-se a madeira bruta em móvel de alto preço.

Abdicando os prazeres da mocidade, o homem e a mulher alcançam do Senhor a graça do lar, em favor dos filhinhos que lhes conduzirão a mensagem de amor e confiança ao futuro.

Consumindo as próprias forças, o Sol mantém a Terra e nos sustenta a vida com seus raios.

Meditai a realidade,[14] principalmente vós outros que já vos desenfaixastes do envoltório físico! Cultivemos a renúncia aos haveres e afetos da retaguarda humana, para que a morte se nos revele por vida imperecível, descortinando-nos nova luz!...

Todos os dias, volta o esplendor solar à experiência do homem, concitando-o a aperfeiçoar-se, por dentro, pelo olvido de velhos fardos das impressões negativas, que tantas vezes se nos cristalizam na mente, escravizando-nos à ilusão...

E porque vivemos desprevenidos, gastando a esmo as oportunidades de serviço, obtidas no mundo, com o corpo denso, somos colhidos pela transição do túmulo, como pássaros engaiolados na grade do próprio pensamento.

É necessário esquecer para reviver.

É imprescindível o desapego de todas as posses precárias da estação carnal de luta, para que o incêndio das paixões não nos arraste às calamidades do espírito, pelas quais se nos paralisa o anseio de progresso, em seculares reparações!...

Não há liberação da consciência quando a consciência não se liberta.

Não há cura para as nossas doenças da alma quando nossa alma não se rende ao impositivo de recuperar a si mesma!...

---

[14] Neste tópico da mensagem, o Dr. Bezerra de Menezes dirigia-se, de modo particular, aos desencarnados presentes. **Nota do organizador.**

Saibamos, assim, exercer a doce caridade de compreender as criaturas que nos cercam. Não somente entendê-las, mas também ampará-las pelo desprendimento de nossos desejos, percebendo que o bem do próximo, antes de tudo, é o nosso próprio bem.

Recordemos que as Leis do Senhor se manifestam, em voz gritante, nas trombetas do tempo, conferindo a cada coisa a sua função e a cada Espírito o lugar que lhe é próprio.

Desse modo, não nos adiantemos aos Celestes Desígnios, mas aprendamos a ceder, na convicção de que a justiça é sempre a harmonia perfeita.

Atentos ao culto do sacrifício pessoal sob as normas do Cristo, peçamos a Ele coragem de usar o silêncio e a bondade, a paciência e o perdão incondicional, no trabalho regenerador de nós mesmos, de vez que não podemos dispensar a energia e a firmeza para nos afeiçoarmos a semelhantes virtudes que, em tantas ocasiões, repontam entusiásticas de nossa boca, quando o nosso coração se encontra longe delas.

Irradiemos os recursos do amor, através de quantos nos cruzem a senda, para que a nossa atitude se converta em testemunho do Cristo, distribuindo com os outros consolação e esperança, serenidade e fé.

Imitemos a semente humilde a desfazer-se no solo, aparentemente desamparada, aprendendo com ela a desintegrar as teias pesadas e escuras que nos constringem a individualidade eterna, a fim de que o nosso espírito desabroche no chão sagrado da vida, em novas expressões de entendimento e trabalho.

Para isso, não desdenhemos ceder.

E supliquemos ao Eterno Benfeitor nos ajude a plasmar-lhe a Doutrina de Luz em nossas próprias vidas, para que a nossa presença, onde quer que estejamos, seja sempre uma fonte de reconforto e esperança, serviço e benevolência, exaltando para aqueles que nos rodeiam o abençoado nome de nosso Senhor Jesus Cristo.

Da obra *Instruções Psicofônicas*, ditada por diversos Espíritos ao médium Francisco Cândido Xavier.
2ª edição, 1º capítulo.

15

Aos pais de família

"Ó espíritas! compreendei agora o grande papel da Humanidade; compreendei que, quando produzis um corpo, a alma que nele encarna vem do espaço para progredir; inteirai-vos dos vossos deveres e ponde todo o vosso amor em aproximar de Deus essa alma; tal a missão que vos está confiada e cuja recompensa recebereis, se fielmente a cumprirdes. Os vossos cuidados e a educação que lhe dareis auxiliarão o seu aperfeiçoamento e o seu bem-estar futuro. Lembrai-vos de que a cada pai e a cada mãe perguntará Deus: Que fizestes do filho confiado à vossa guarda?" (*O Evangelho segundo o Espiritismo* — Cap. XIV, item 9 — Comunicação de Santo Agostinho.)

Pediram-me que patrocinasse uma exposição da moral evangélica-espírita para uso dos pais de família nos primeiros passos da educação religiosa e filosófica dos filhos.

Impossível seria furtar-me a esse convite tão sugestivo no momento difícil que a Humanidade atravessa, quando a fé e a moral, a solidez dos costumes, o cumprimento do dever e a responsabilidade de cada um se diriam em colapso, desorientando a muitos, vencendo outros tantos, desanimando ou enrijecendo o coração de quase todos para lançar o caos na sociedade humana, assinalando as últimas etapas do fim de uma civilização. Aquiesci, portanto, visto que ao servo zeloso cumpre agenciar com os talentos confiados à sua guarda, a fim de renderem o máximo, para gáudio do Senhor, que deseja ver a sua vinha habilmente cultivada, oferecendo frutos excelentes de amor e justiça, para felicidade das gerações vindouras.

O lar é a grande escola da família, em cujo seio o indivíduo se habilita para a realização dos próprios compromissos perante as Leis de Deus e para consigo mesmo, na caminhada para o progresso. É aí, de preferência a qualquer outra parte, que a criança, o cidadão futuro, o futuro governante, o futuro elemento da sociedade, se deverá educar, adquirindo aquela sólida formação moral-religiosa que resistirá, vitoriosamente, aos embates das lutas cotidianas, das provações e mil complexos próprios de um planeta ainda inferior. Nem o mestre, nem o adepto de uma crença qualquer, nem o amigo, por maior que lhes seja o desejo de servir, conseguirá cultivar no coração da infância os valores da moral evangélica se os pais, por sua vez, não edificarem no próprio lar o templo feliz do ensinamento que tenderá a florescer e frutescer para a eternidade. Daí a urgente necessidade de os pais espíritas se habilitarem para dar aos filhos pequeninas aulas de moral, aulas de Evangelho, aulas de legítimo Espiritismo e mesmo aulas de boa educação social e doméstica, pois o espírita, antes de mais nada, necessita manter a boa educação doméstica e social, sem a qual não será cristão. Outrossim, será necessário que, de uma vez para sempre, os pais de família observem a prática do amor recíproco, que fornecerá forças para realizarem a tarefa que assumiram ao se tornarem cônjuges, qual a conquista do progresso através da paternidade; que zelem pela harmonia e a serenidade domésticas de cada dia, jamais se permitindo displicências de quaisquer natureza, discussões, hostilidades, pois será necessário que respeitem os filhos, lembrando-se de que das suas atitudes surgirão exemplos para a prole e que esses exemplos deverão ser os melhores, para que não enfraqueçam a própria autoridade e o respeito para dirigir a família. Se tais atitudes não forem observadas, dificilmente poderão cumprir o próprio dever de orientadores da família, e a grandes responsabilidades serão chamados na realidade do mundo espiritual.

Não obstante, será bom que a criança e o adolescente assistam a aulas educativas de moral religiosa na sua agremiação espírita. Deverão mesmo fazê-lo, pois será também necessário cultivar a convivência com os futuros companheiros de ideal, ampliar relações fraternas, desenvolver traquejo para futuros certames de cunho espírita, e em razão de que o Centro Espírita deve ser prolongamento do lar. O que, porém, é necessário e indispensável, o que é extremamente urgente é que os pais não releguem a outrem o dever de encaminhar os filhos para Deus, dever com o qual se comprometeram perante as Leis ao reencarnar, perante as exigências sociais do matrimônio e perante as disposições morais da paternidade.

A criança é grande enamorada dos próprios pais. Segue-os de olhos fixos. Uma lição, uma advertência carinhosa dos pais, se prudente e sabiamente aplicadas, serão facilmente assimiladas pelo filho, ainda frágil e simples. Se se descurou, porém, a educação na primeira infância, a puberdade e a adolescência tornar-se-ão fases de orientação mais difícil. Mesmo em se tratando de criança de índole rebelde, grandes benefícios advirão, se tal dever, o de educar, for fielmente observado pelos pais. Jamais estes deverão alimentar a pretensão de que seu filho seja modelo de boas qualidades, enquanto o filho do próximo é atestado de qualidades inferiores, visto que tal ilusão entravará desastrosamente as providências educativas a favor do próprio filho. Que os pais rejeitem, sem vacilações, a notícia, mediunicamente revelada, de que "grandes missionários" são seus filhos reencarnados. Semelhantes informações serão quase sempre fruto de mistificação, de preferência veiculadas por obsessores e não por amigos espirituais, porquanto estes seriam prudentes em não se permitirem tais indiscrições, mais prejudiciais que úteis ao próprio futuro da criança. Entretanto, à mãe compete ainda maior dose de responsabilidade no certame. O fato de ser mãe não será apenas acontecimento biológico, mas posto de trabalho árduo, testemunho de paciência, digno atestado de vigilância, de coragem, de amor, concordância com a renúncia e o sacrifício. Não terá bem cumprido a própria tarefa a mulher que deixar de observar tal lema. Um grande filósofo, adepto do Espiritismo, acentuou, numa das suas obras de educação e instrução, a seguinte reflexão:

"[...] tal seja a mulher, tal é o filho, tal será o homem. É a mulher que, desde o berço, modela a alma das gerações. É ela que faz os heróis, os poetas, os artistas, cujos feitos e obras fulguram através dos séculos. [...] Para desempenhar, porém, tão sagrada missão educativa (na Antigüidade grega), era necessária a iniciação no grande mistério da vida e do destino, o conhecimento da lei das preexistências e das reencarnações porque só essa lei dá à vida do ser, que vai desabrochar sob a égide materna, sua significação tão bela e tão comovedora."[15]

Patrocinando, pois, um ensaio literário-espírita para auxílio das mães e dos pais de família, durante as noites de serão no lar, onde o Evangelho do Senhor e seus conseqüentes

---

[15] DENIS, Léon. *No Invisível.* 17ª ed., Rio de Janeiro: FEB, 1996. Cap. VII.

benefícios no indivíduo e na sociedade serão ministrados e examinados, eu o faço no cumprimento dos próprios deveres para com o Consolador, enviado pelo Céu à Terra como orientador da renovação moral de cada um, para efetivação dos desígnios de Deus em relação à Humanidade.

Que tão belos serões renovadores do lar e dos corações obtenham êxitos na boa educação da infância, é o meu desejo.

COMUNICAÇÃO OBTIDA PELA MÉDIUM YVONNE A. PEREIRA,
NA NOITE DE 11 DE AGOSTO DE 1966, NO RIO DE JANEIRO-RJ,
TRANSCRITA DE *OBREIROS DO BEM*, DE DEZEMBRO DE 1976.

16 Divulgação espírita

Filhos, o Senhor nos abençoe.

Efetivamente, as vossas responsabilidades no plano terrestre vos concitam ao trabalho árduo no que se refere à implantação das idéias libertadoras da Doutrina Espírita, que fomos trazidos a servir. Em verdade, nós outros, os amigos desencarnados, até certo ponto, nos erigimos em companheiros da inspiração, mas as realidades objetivas são vossas, enquanto desfrutardes as prerrogativas da encarnação.

Compreendamos, assim, que a vossa tarefa na divulgação do Espiritismo é ação gigantesca, de que vos não será lícito retirar a atenção.

Nesse aspecto do assunto, urge considerarmos o impositivo da distribuição eqüitativa e plena dos valores espirituais, tanto quanto possível, em benefício de todos.

Devotemo-nos à cúpula, de vez que em qualquer edificação o teto é a garantia da obra, no entanto, é forçoso recordar que a edificação é de serventia ou deve servir à vivência de quantos integram no lar a composição doméstica. Em Doutrina Espírita, encontramos a Terra toda por lar de nossas realizações comunitárias e, por isso mesmo, a cúpula das idéias é conclamada a exercer a posição de cobertura generosa e benéfica, em auxílio da coletividade.

Não vos isoleis em quaisquer pontos de vista, sejam eles quais forem.

Estudai todos os temas da Humanidade e ajustai-vos ao progresso, cujo carro prossegue em marcha irreversível.

Observai tudo e selecionai os ingredientes que vos pareçam necessários ao bem geral. Nem segregação na cultura acadêmica nem reclusão nas afirmativas do sentimento.

Vivemos um grande minuto na existência planetária, no qual a civilização, para sobreviver, há de alçar o coração ao nível do cérebro e controlar o cérebro, de tal modo que o coração não seja sufocado pelas aventuras da inteligência.

Equilíbrio e justiça. Harmonia e compreensão.

Nesse sentido, saibamos orientar a palavra espírita no rumo do entendimento fraternal.

Todos necessitamos de sua luz renovadora.

Imperioso, desse modo, saber conduzi-la, através das tempestades que sacodem o mundo de hoje, em todos os distritos da opinião.

Congreguemos todos os companheiros na mesma formação de trabalho, conquanto se nos faça imprescindível a sustentação de cada um no encargo que lhe compete.

Nenhuma inclinação à desordem, a pretexto de manter coesão, e nenhum endosso à violência sob a desculpa de progresso.

Todos precisamos penetrar no conhecimento da responsabilidade de viver e sentir, pensar e fazer.

Os melhores necessitam do Espiritismo para não perderem o seu próprio gabarito nos domínios da elevação; os companheiros da retaguarda evolutiva necessitam dele para se altearem de condição. Os felizes reclamam-lhe o amparo, a fim de não se desmandarem nas facilidades que transitoriamente lhes enfeitam as horas, e os menos felizes pedem-lhe o socorro, a fim de se apoiarem na certeza do futuro melhor; os mais jovens solicitam-lhe os avisos para se organizarem perante a experiência que lhes acena ao porvir, e os companheiros amadurecidos na idade física esperam-lhe o auxílio para suportar com denodo e proveito as lições que o mundo lhes reserva na hora crepuscular.

Assim sendo, tendes convosco todo um mundo de realizações a mentalizar, preparar, levantar, construir.

Não nos iludamos. Hoje dispondes da ação, no corpo que envergais; amanhã seremos nós, os amigos desencarnados, que vos substituiremos na arena de serviço.

A nossa interdependência é total.

E, ante a nossa própria imortalidade, estejamos convencidos de que voltaremos sempre à retaguarda para corrigirmos, retificando os erros que tenhamos, acaso, perpetrado.

Mantenhamo-nos, por isso, vigilantes.

Jesus na Revelação e Kardec no esclarecimento resumem para nós códigos numerosos de orientação e conduta.

Estamos ainda muito longe de qualquer superação, à frente de um e outro, porque, realmente, os objetivos essenciais do Evangelho e da Codificação exigem ainda muito esforço de nossa parte para serem, por fim, atingidos.

Finalizando, reflitamos que sem comunicação não teremos caminho.

Examinemos e estudemos todos os ensinos da verdade, aprendendo a criar estradas espirituais de uns para os outros. Estradas que se pavimentem na compreensão de nossas necessidades e problemas em comum, a fim de que todas as nossas indagações e questões sejam solucionadas com eficiência e segurança.

Sem intercâmbio, não evoluiremos; sem debate, a lição mora estanque no poço da inexperiência, até que o tempo lhe imponha a renovação. Trabalhemos servindo e sirvamos estudando e aprendendo. E guardemos a convicção de que, na bênção do Senhor, estamos e estaremos todos reunidos uns com os outros, hoje quanto amanhã, agora como sempre.

Comunicação recebida em 6-12-1969 pelo médium Francisco Cândido Xavier. Extraída de *Reformador* de abril de 1977, p. 104.

17 Unificação paulatina, união imediata, trabalho incessante...

Espíritas, meus irmãos!

Quando as clarinadas de um novo dia em luz nos anunciam os chegados tempos do Senhor; quando uma era de paz prepara a nova Humanidade, neste momento dominada pela angústia e batida pela desesperação, façamos a viagem de volta para dentro de nós.

No instante em que os valores externos perdem a sua significação, impulsionando-nos a buscar Deus no coração, somos, através de nossos irmãos, convidados à responsabilidade maior de amar, de servir e de passar...

Jesus, meus amigos, é mais do que um símbolo. É uma realidade em nossa existência. Não é apenas um ser que transitou da manjedoura à cruz, mas o exemplo, cuja vida se transformou num Evangelho de feitos, chamando por nós.

Necessário, em razão disso, aprofundar o pensamento na obra de Allan Kardec para poder viver Jesus em toda a plenitude.

Estamos convidados ao banquete da era melhor, do Evangelho imortal, e ninguém se pode escusar, a pretexto algum.

Dias houve em que poderíamos dizer que não estávamos informados a respeito da verdade. Hoje, porém, sabemos... Agora que a conhecemos por experiência pessoal, vivamos o Cristo de Deus em nossas atitudes, a fim de que o sol espírita não apresente a mensagem de luz dificultada pelas nuvens densas que caracterizam o egoísmo humano, o ressentimento, a vaidade...

Unificação, sim. União, também.

Imprescindível que nos unifiquemos no ideal espírita, mas que, acima de tudo, nos unamos como irmãos.

Os nossos postulados devem ser desdobrados e vividos dentro de uma linha austera de dignidade e nobreza. Sem embargo, que os nossos sentimentos vibrem em uníssono, refletindo as emoções de amigos que se desejam ajudar e de irmãos que se não permitem avançar — deixando a retaguarda juncada de cadáveres ou assinalada pelos que não tiveram força para prosseguir...

A tarefa da unificação é paulatina; a tarefa da união é imediata, enquanto a tarefa do trabalho é incessante, porque jamais terminaremos o serviço, desde que somos servos imperfeitos, e fazemos apenas a parte que nos está confiada.

Amar, no entanto, é o impositivo que o Senhor nos concedeu e que a Doutrina nos restaura.

Unamo-nos, amemo-nos, realmente, e dirimamos as nossas dúvidas, retificando as nossas opiniões, as nossas dificuldades e os nossos pontos de vista, diante da mensagem clara e sublime da Doutrina com que Allan Kardec enriquece a nova era, compreendendo que lhe somos simples discípulos. Como discípulos não podemos ultrapassar o mestre.

Demo-nos as mãos e ajudemo-nos; esqueçamos as opiniões contraditórias para nos recordarmos dos conceitos de identificação, confiando no tempo, o grande enxugador de lágrimas, que a tudo corrige.

Não vos conclamamos à inércia, ao parasitismo, à aceitação tácita, sem a discussão ou o exame das informações.

Convidamo-vos à verdadeira dinâmica do amor.

Recordemos, na palavra de Jesus, que "a casa dividida rui", todavia ninguém pode arrebentar um feixe de varas que se agregam numa união de forças.

É por isso, Espíritas, meus irmãos, que a Unificação deve prosseguir, mas a União deve vigir em nossos corações.

Somos semeadores do tempo melhor. Somos os pomicultores da era nova. A colheita que faremos em nome de Jesus caracterizar-nos-á o trabalho.

Adiante, meus irmãos, na busca da aurora dos novos tempos.

Jesus é o Mestre por excelência e Allan Kardec é o discípulo fiel.

Sejamos nós os continuadores honrados e nobres da sua obra de amor e da sua lição de sabedoria...

E quando as sombras da desencarnação descerem sobre vós, e nós outros, os já desencarnados, nos acercarmos a receber-vos, podereis dizer:

— Aqui estamos, Senhor, servos deficientes que reconhecemos ser, porque apenas fizemos o que nos foi determinado.

Ele, porém, magnânimo, justo e bom, dir-vos-á:

"Vinde a mim, filhos de meu Pai, entrai no gozo da paz".

Muita paz, meus amigos!

Que o Senhor vos abençoe.

Mensagem psicofônica pelo médium Divaldo P. Franco, em 20-4-1975, na sessão pública da Federação Espírita Brasileira, Brasília-DF. Extraída de *Reformador* de fevereiro de 1976, p. 43.

18 Tempo de luz

Há quem veja no findar do século XX apenas dores, amarguras.

Entretanto, verificando o acervo de mensagens, livros enviados pelo Grande Além, compreenderemos que a Terra do século XX é um mundo abençoado, rico de luz, de informações sublimes.

Neste século, a ação dos Enviados do Senhor foi intensa:

Movimento contínuo, comunicações constantes, demonstrações positivas da Verdade, revelações magníficas, avanço no campo da Ciência caracterizam o século, bem denominado de Século das Luzes.

Em meio ao alvoroço dos últimos instantes deste ciclo, uma grande luz permanece como divina estrela a brilhar intensamente para que todos os povos a contemplem e compreendam a excelsa Verdade: a vida continua e a misericórdia do Pai estende-se, como manto tutelar, sobre as criaturas, beneficiando-as com ternura, convidando o filho pródigo ao regresso à Casa paterna.

Tempo de Luz!

As almas abeiram-se da fonte inesgotável do Evangelho, sequiosas de amor e claridades celestes. Buscam o oásis da oração, compreendendo a necessidade do intercâmbio com os planos superiores. Aquecem-se os corações doridos no coração do Consolador, entendendo a bênção do momento que passa!

A esperança, filha do Céu, acaricia os desesperados, falando-lhes da sublime destinação reservada ao homem.

Tempo de Luz!

Kardec é lido, sentido e meditado.

Deslumbra-se a mente com o seu desenvolvimento e ansiosa ergue-se para contemplar o mundo vasto, as estrelas cintilantes e ouvir, no silêncio das horas, a Voz excelsa — a sua voz — suave e mansa, a lhe dizer dos radiosos dias do futuro.

Sentinela do próprio dever, o homem compreende que, além da matéria que passa, o Espírito ressurge para a vida imortal, sob o olhar compassivo do Criador!

Cristo imolou-se numa cruz, ofertando-se como exemplo para a Humanidade.

Kardec hipotecou-lhe solidariedade, transmitindo, em seu nome, a mensagem do Consolador.

A Verdade brilha, soberana, coroando o mundo de Luz.

O tempo é marcado como base, estrutura de um ciclo diferente: tempo de Luz, de paz, de progresso, de fraternidade!

Pulsa o Coração divino, estendendo suas vibrações ao orbe pequenino, mergulhando o vale em fulvas claridades!

Pulsa o coração do homem em busca de seu Criador!

Filhos, eis unidos Céus e Terra: Jesus e Kardec, contornando a casa triste das almas afogadas em dores e inundando-as de esperança e paz.

Procuremos sentir, no silêncio de nossa prece, as vozes do Além, e aproveitemos o tempo de luz que a Misericórdia divina nos concede.

Mensagem recebida pela médium Maria Cecília Paiva, em reunião de 31-3-1983, no Grupo Ismael, da Federação Espírita Brasileira, Rio de Janeiro-RJ. Extraída de *Reformador* de novembro de 1983, p. 309.

19 Casa de amor

Amigos e irmãos, que Jesus nos abençoe!

Neste século, os conflitos que separavam os homens diminuíram na razão direta em que as realidades se lhes apresentaram mais afligentes.

A navegação aérea abriu possibilidades dantes jamais imaginadas. As bólides espaciais facultaram as comunicações no átimo de minuto, propiciando o relacionamento mais fácil entre as criaturas. Na razão direta, no entanto, em que o homem espraiou o conhecimento da inteligência, emurcheceram os sentimentos de solidariedade, substituídos pelas ambições desgovernadas que o atiram no resvaladouro da loucura, conduzindo aos suicídios nefandos.

Desde que foram colocadas as primeiras balizas da Casa de Ismael no coração da pátria brasileira, até este momento, foi possível alongar a vida biológica, erradicar problemas na área da saúde, sincronizar ideais de fraternidade entre as nações. Mas o homem, em si mesmo, extraviado das diretrizes do Evangelho do Cristo, apresenta-se aturdido, infeliz...

Que fizemos de vinte séculos de Jesus? Qual o contributo que doamos à Humanidade sofredora em nome do Crucificado sem culpa?

Para responder a essas indagações, o Espiritismo veio à Terra e se implanta, no Brasil, com a tarefa histórica de o espalhar pelos diversos quadrantes, prenunciando o momento feliz da nova Jerusalém libertada.

Hoje, diante de um mundo supercivilizado, que perdeu os caminhos do amor, Jesus, através de seus mensageiros, volta a pedir: "Irmãos, amai-vos, distendendo o braço solidário com que vos ajudareis na edificação de um mundo melhor, tornando-vos verdadeiramente irmãos uns dos outros".

Inicia-se a segunda etapa da nossa Casa de Amor, fiel aos postulados da Terceira Revelação, trazendo o Cristo de volta. O que não quer dizer que não se investigue, porque esta tarefa vem confirmar a imortalidade já demonstrada desde Allan Kardec, caminha lado a lado com a fé que restaura no homem a esperança e lhe implanta a caridade. Não significa que se deixe de abraçar os postulados da Filosofia, as suas amplas expressões de comportamento, mas que somente podem ser vividas quando o amor entronizado na alma apresentar a religião da verdadeira fraternidade, que é aquela que flui e reflui do Evangelho em Espírito e Verdade, rompendo todas as barreiras, acabando com os preconceitos e dirimindo todas as dificuldades e dúvidas.

Por isso é que esta Casa de Amor estabeleceu na tríade sublime — Deus, Cristo e Caridade — as expressões santificantes da Revelação Moisaica, da Revelação Cristã e da Revelação Espírita, em um só traço de união para que o mundo possa ser feliz.

Marchai, homens de fé robusta! Não são diferentes, estes, daqueles recuados dias dos testemunhos. Já não enfrentareis a arena em que as feras vos roubarão a vida física. Enfrentaremos juntos as dificuldades que são nossas, os problemas que são nossos, na busca da nossa redenção, pelo sacrifício nos braços do amor.

Deus te abençoe, Casa de Ismael!

E a todos nos abençoe no fanal de amar, servir e passar cantando a glória do Espiritismo na Terra.

Muita paz, amigos e irmãos! É o que vos deseja o servidor humílimo de sempre.

Mensagem psicofônica recebida pelo médium Divaldo Pereira Franco no encerramento da Sessão Comemorativa do I Centenário da Federação Espírita Brasileira, na noite de 2-1-1984, em Brasília-DF.

20 Amar e instruir

Meus filhos,

Que Jesus nos abençoe. Duas palavras: viveis na Terra de hoje o momento dos paradoxos.

A Ciência, que projetou o homem além da atmosfera do planeta, utilizada pela insensatez, ameaça de destruição o orbe que habitais. Os homens, que penetraram no âmago das questões da vida com os bisturis aguçados da investigação, armam-se, dominados por uma ferocidade atávica, para aniquilar as mais belas conquistas da inteligência e do sentimento. As glórias da cultura, atingindo o seu ponto culminante, não conseguem diminuir os implementos das paixões, que reduzem a ética e a civilização aos mais baixos níveis da história dos tempos. Só Jesus poderá comandar o destino das criaturas humanas.

Vós rogastes, antes do berço, a oportunidade do mergulho carnal, para construir um mundo melhor. Suplicastes, emocionados, o ensejo de abraçar a Doutrina libertadora, para com ela implantar no coração dos homens, e no vosso também, o Reino de Deus. Elegestes a hora difícil, a fim de demonstrar o valor do conteúdo doutrinário, diante das lutas renhidas que deveríeis enfrentar.

Chegado é o momento de viverdes, quais novos cristãos primitivos, a mensagem de que Allan Kardec foi o embaixador especial. Não estranheis, portanto, o campo sáfaro[16] onde vos encontrais a laborar. Se não podeis impedir os fatores climatéricos[17], no momento conspirando contra os seminários de mudas que deveis zelar, utilizai-vos dos instrumentos ao alcance para resguardar-vos, resguardando por sua vez a sementeira luminosa.

A luta que defrontais é o resultado inevitável do choque das paixões. Tomai por modelo Jesus, o ser mais perfeito que Deus nos deu para servir de modelo e guia, como afirmaram os venerandos mentores da Humanidade ao Codificador, e, utilizando da instrumentalidade da Ciência, enfrentai o ateísmo na sua expressão niilista e utilitarista, com os conhecimentos cimentados no fato da imortalidade da alma, da comunicabilidade do Espírito e da reencarnação. Mas, sobretudo, vivei a ética do Espiritismo, que não é outra senão a ética do Cristianismo.

Lutas travaram-nas Jesus e os seus discípulos. Ninguém passa pela Terra em regime de exceção. Heróis, santos, mártires, ases da cultura, protótipos da sabedoria, delinqüentes aturdidos e alienados experimentam calhaus, borrascas, padecimentos. Vós, porém, tendes os meios de vos resguardar, pelo discernimento que a Doutrina vos propicia e pela fidelidade à causa, estribada nas bases do amor.

---

[16] Improdutivo.

[17] Relativo a clima.

Tende atenção, filhos! Vigiai a respeito do fermento da dissensão. Estai no posto do trabalho e da fidelidade, sobretudo, a Jesus e a Kardec, nesta hora de graves definições.

Nenhum de nós, encarnado ou desencarnado, tem direitos especiais na lavoura do Evangelho, senão o dever de servir e servir mais até a exaustão das nossas forças. Portanto, unidos, espíritas que somos, de ambos os lados da vida, demo-nos as mãos e formemos um bloco para enfrentar o adversário comum que é o materialismo disfarçado, enlouquecido pela prosápia da sua própria desarmonia interior e plantando as manifestações da violência e da anarquia.

Jesus prossegue o mesmo hoje, como ontem, e amanhã.

Vivei a Doutrina do conhecimento e do amor, porém não vos esqueçais de que a recomendação do Espírito de Verdade, confirmando a palavra de Jesus, é esta: "Espíritas! Amai-vos, este o primeiro ensinamento; instruí-vos, este o segundo".[18]

Senhor, aqui está a família espírita brasileira, reunida em teu nome, suplicando-te inspiração, recordando os discípulos da tua mensagem no dia de Pentecostes. Aqui traçam roteiros e diretrizes para o teu trabalho da Terra, mas estão submissos às luzes da Espiritualidade superior, para que as vozes dos Céus desçam sobre eles, iluminando-os e conduzindo-os, com segurança, para a tarefa de ir e pregar a verdade a todas as gentes.

Abençoa-os, abençoando a todos que congregamos esforços em favor da causa comum que é a tua causa: a implantação do bem, em definitivo, na alma humana e na Terra, que um dia será a Jerusalém libertada do pensamento

---

[18] *O Evangelho segundo o Espiritismo*, cap. 6, item 5.

inicial, simbolizando o teu reino, o Reino de Deus para todos nós.

Desça sobre os teus discípulos, que disputamos a honra de servir-te, a tua paz, para que a união e a fraternidade deixem de ser utopias e se transformem no cimento divino, unindo-nos a todos.

Muita paz, meus filhos, é o que vos deseja o amigo paternal e humílimo de sempre.

MENSAGEM PSICOFÔNICA RECEBIDA PELO MÉDIUM DIVALDO PEREIRA FRANCO, NA ABERTURA DA SESSÃO DO DIA 17-11-1984, DO CONSELHO FEDERATIVO NACIONAL. EXTRAÍDA DE *REFORMADOR* DE FEVEREIRO DE 1985, P. 53.

21 "Nossa Casa permanece a barca conduzida por Ismael"

Repetem-se os fenômenos históricos. Neste instante em que se definem os rumos, vamos enfrentar batalhas que pareciam ultrapassadas. Compreendamos, porém, que a Terra hospeda na carne as entidades que se vincularam ao crime e à barbárie, ora instrumento de mentes rebeldes que teimam por lutar contra o progresso. Última oportunidade, neste momento, defrontamos com a renovação que se acerca; e a batalha final, o Armagedon,[19] aproxima-se, separando aqueles que são fiéis dos que ainda são aprendizes e optam pela dor.

Reunimos estes companheiros para o nosso encontro desta manhã, a fim de fazer que os seus corações reconfirmem as certezas de que as ocorrências no plano físico, intentando perturbar a marcha do movimento de libertação, têm as suas raízes no mundo verdadeiro que é o do Espírito.

---

[19] Simboliza, segundo o Apocalipse de João (16:14 a 16), local onde será travada a última batalha entre o Bem e o Mal. Após esta batalha, o Bem reinará na Humanidade.

Repetem-se aquelas outras lutas que travamos ontem e prosseguimos, hoje, enfrentando-as. Continuem os companheiros e filhos amados na disposição de servir e de não passar recibo às provocações. A sós, se necessário, jamais, porém, coniventes com o número arbitrário, em detrimento do Senhor.

Nossa Casa permanece a barca conduzida por Ismael, rumando na direção do porto seguro que é Jesus.

Assim, utilizando-nos da mediunidade, que todos devemos dignificar, nas tarefas espíritas de socorro e de esclarecimento, fonte inexaurível de informações e de respostas, aqui encerramos também a parte das atividades espirituais do nosso Conselho Federativo Nacional referente ao corrente exercício, e, ao fazê-lo, desejamos dizer aos nossos Diretores da satisfação dos companheiros espíritas-esperantistas pelo trabalho programado para o Estudo Sistematizado do Esperanto. Aqui conosco os amigos Ismael Gomes Braga, Porto Carreiro Neto, Estevina Magalhães, Abel Gomes, Francisco Valdomiro Lorenz — pioneiros da trilogia: Evangelho, Esperanto e Espiritismo — orando, com o coração túmido de gratidão, por esse labor ímpar que agora a nossa Casa executa, ampliando as fronteiras do Espiritismo para maior fraternidade entre as criaturas humanas. O nosso Wantuil e Leopoldo Cirne, também, por nosso intermédio, agradecem as recordações de que se viram objeto no transcurso desse ágape de fraternidade e de paz. Outros companheiros nossos, em uníssono, entoam um hino de louvor e rogam a Jesus, a Ismael, que prossigam norteando os nossos destinos na direção da verdadeira felicidade.

Levem a todos os seus familiares e companheiros de luta o afeto do nosso coração paternal e amigo. Rogo a Jesus que nos abençoe e nos guarde, hoje e sempre.

O companheiro de sempre.

Mensagem psicofônica por Divaldo P. Franco, no encerramento da Reunião Ordinária do Conselho Federativo Nacional, em 3-11-1985. Extraída de *Reformador* de maio de 1986, p. 144.

22 Perseverança

Meus filhos!

Que Jesus nos abençoe!

Hoje, como ontem, o testemunho à fé que esposamos constitui-nos a coroa de identificação com o Cristo Jesus. Certamente, não mais defrontaremos as arenas para o holocausto público, nem o cárcere de vergonha para a demonstração da nossa convicção religiosa; em verdade, não passaremos pela humilhação da desonra, nem seremos constrangidos ao exílio, separados da família e da pátria como outrora.

Não obstante haverem mudado as aparências, as estruturas permanecem as mesmas, assoladas pela vérmina da incompreensão, gerando dificuldade e contaminação.

O verdadeiro discípulo do Evangelho traz, ínsita no coração, a cruz do Cristo.

Cristão sem cruz pode ser considerado alma que se dissociou do corpo, ou corpo que perdeu a alma.

Para que haja a cristificação do discípulo, ser-lhe-á inevitável a crucificação, que agora não se dará nas traves visíveis do madeiro da infâmia, porém, no roteiro ignorado da renúncia; na imolação do ego dominador; mediante o sentimento de solidariedade que supera as aflições e do devotamento à causa do bem, acima de quaisquer conveniências.

Os cristãos primitivos, quando foram vítimas do Edito de Milão,[20] em 13 de junho de 313, firmado por Constantino, tornando a mensagem do Cristo como religião do Estado, compreenderam que, naquele aparente momento de glória, tinha início o ocaso da fé, porquanto o ideal libertador do Evangelho exigia o adubo do sacrifício, e, no instante em que o martírio cedia lugar à homenagem momentânea da honra efêmera da Terra, a palavra se descoloria e o exemplo se alterava, culminando, tal decadência, em 1870, com a infalibilidade papal.

A mensagem do Cristo, amortalhada pelo dogmatismo, cedia lugar às injunções lamentáveis da arbitrária dominação transitória dos homens, vinculando as exigências do Espírito, pela renúncia, às futilidades do corpo na opulência...

A Doutrina Espírita, restaurando a pureza do Evangelho, faz renascer a honra do martírio.

Antes, a chalaça e a zombaria, o sarcasmo e o mergulho na dor, assinalavam o ideal espiritista, martirizando o coração dos servos renovados, a fim de compreenderem que a necessidade do testemunho seria o seu sinal de identificação com o Glorioso Companheiro da sepultura vazia.

---

[20] O Edito de Milão (313 d.C.), também denominado, Edito da Tolerância, foi emitido por dois tetrarcas: o do Ocidente, que foi o imperador Constantino, o Grande; o do Oriente, que foi Licínio. O Edito determinava que o Império Romano seria neutro, a partir daquele momento, ao credo do Cristianismo, acabando, portanto, com a perseguição aos cristãos.

E hoje, meus filhos, quando o mundo nos observa, nos acompanha e nos abre as portas da facilidade, mediante honrarias e glorificações fugazes que se aproximam do nosso trabalho, não nos deixemos fascinar pelos ouropéis, pelas frivolidades, mantendo a nossa fidelidade ao conteúdo austero da mensagem do Senhor, de que Allan Kardec se fez vexilário e excelente Codificador, até agora insuperado.

Certamente, não vos exigirão demonstrações públicas de fé através dos monumentais testemunhos que comovem as multidões, mas a vida vos imporá renúncias renteando com as tentações. Ser-vos-á solicitada a manutenção dos ideais, muitas vezes, diante da incompreensão e do opróbrio, traduzindo o vosso sentimento de amor ao Rabi inesquecível.

Perseverai, zelando pela fraternidade; pontificai na união, para que a Unificação de propósitos e de identidade espiritual permaneça sem qualquer alteração!

Compreendei que a mensagem cristã é desafio que testa a resistência moral e as fibras do caráter daqueles que se lhe vinculam em santificada e espontânea escravidão.

Tornastes-vos escravos do Cristo por opção pessoal. Tendes entregado o coração a Ele mediante o sentimento superior, de abnegação e devotamento.

Não receeis, seja qual for a circunstância!

Fazei que brilhe a vossa luz em forma estelar, deixando pegadas como setas luminosas apontando roteiro seguro para os que vêm atrás.

Apontais hoje, em vossas elucubrações, os pioneiros que vos antecederam como exemplos inesquecíveis. A posteridade terá em vós outros, da mesma forma, os exemplos, assinalando esta era de transição, quando se apagam as luzes do século e se encerra este ciclo.

Fostes convocados, honoravelmente, para testemunhar Jesus.

Espiritismo e Cristianismo são termos da mesma equação da vida.

Nunca vos aparteis de Jesus, seja qual for o tributo de vós exigido.

Jesus, meus filhos, é o nosso caminho de acesso ao Pai; é o modelo incorruptível, em quem encontramos o alimento e a resistência para a vitória na luta.

Os vossos testemunhos serão mais severos do que os daqueles pioneiros de outrora.

Eles davam a vida num momento. Vós outros tendes que doá-la, por momentos sucessivos, nos quais vos desgastareis, lentamente, qual o combustível que, atendendo à lâmpada que derrama claridade, também se consome.

Consumi-vos, iluminando as consciências com a mensagem espírita.

Ouvimos, muitas vezes, as vossas rogativas e movimentamo-nos, afetuosamente, ao vosso lado, irmanados no ideal, compreendendo as vossas dificuldades, porque somos egressos do corpo e também as experimentamos aí.

Noutros ensejos, transladamos-vos para a nossa esfera, a fim de refundir-vos o ânimo, estimular-vos a coragem e a perseverança diante das dificuldades domésticas, sociais, no campo da fraternidade, que se vos tornam quase insuportáveis, para vos afirmarmos: "Estamos juntos; ide adiante, mantendo o elã de identificação, uns com os outros, Entidades e instituições, sob a presidência de Ismael, o Anjo tutelar do Brasil, a quem o Mestre delegou a tarefa de preservar o seu Evangelho sob as luzes abençoadas do Cruzeiro do Sul...".

Espíritas, não vos prometemos as alegrias que o mundo oferece. Não vos acenamos com as honrarias que passam. Repetiremos, parafraseando Jesus: Na vivência da Doutrina Espírita tereis aflições, porque não se pode negligenciar com a verdade, conivir com o crime. Passareis incompreendidos, em razão da vossa fidelidade à mensagem libertadora e isso será o vosso martírio.

Não vos preocupeis por chorardes hoje, porque sorrireis mais tarde.

Crede, em nossas palavras, nenhum devaneio masoquista, nenhuma tinta de ordem sadista. Sucede que todo aquele que elegeu Jesus já não tem para quem ir e somente com Ele à frente marchando logra a plenitude da felicidade.

Perseverai, portanto!

Exoramos ao Mestre divino que nos abençoe e que nos dê a sua paz, de que tanto necessitamos. São estes os votos do servidor humílimo e paternal de sempre.

Mensagem psicofonicamente recebida por Divaldo P. Franco, na FEB-Brasília, na Reunião Ordinária do CFN, em 7-11-1987. Extraída de *Reformador* de fevereiro de 1988, p. 55 e 56.

23

O Brasil e a sua missão histórica de "Coração do mundo e pátria do Evangelho"

Meus filhos:

Prossegue o Brasil na sua missão histórica de "pátria do Evangelho" colocada no "coração do mundo".

Nem a tempestade de pessimismo que avassala, nem a vaga de dúvida que açoita os corações da nacionalidade brasileira impedirão que se consume o vaticínio da Espiritualidade quanto ao seu destino espiritual.

Apesar dos graves problemas que nos comprometem em relação ao porvir — não obstante o ceticismo que desgoverna as mentes em relação aos dias do amanhã — o Brasil será o pulsante coração espiritual da Humanidade, encravado na palavra libertadora de Jesus, que fulge no Evangelho restaurado pelos benfeitores da Humanidade.

Não se confunda a missão histórica do país com a competição lamentável, em relação às megalópoles do mundo, que triunfam sobre as lágrimas das nações vendidas e escravizadas pela política financeira e econômica internacional.

Não se pretenda colocar o Brasil no comando intelectual do orbe terrestre, através de cerebrações privilegiadas que se encarreguem de deflagrar as guerras de aniquilamento da vida física.

Não se tenha em mente a construção de um povo que se celebrize pelos triunfos do mundo exterior, caracterizando-se como primeiro no concerto das nações.

Consideremos a advertência de Jesus, quando se reporta que "os primeiros serão os últimos e estes serão os primeiros".

Sem dúvida, o cinturão da miséria socioeconômica que envolve as grandes cidades brasileiras alarma a consciência nacional. A disputa pela venda de armas, que vem colocando o país na cabeceira da fila dos exportadores da morte, inquieta-nos. Inegável a nossa preocupação ante a onda crescente de violência e de agressividade urbana...

Sem dúvida, os fatores do desrespeito à consciência nacional e a maneira incorreta com que atuam alguns homens nas posições relevantes e representativas do país fazem que o vejamos, momentaneamente, em uma situação de derrocada irreversível.

Tenha-se, porém, em mente que vivemos uma hora de enfermidades graves em toda a Terra, na qual o vírus da descrença gera as doenças do sofrimento individual e coletivo, chamando o homem a novas reflexões.

A História se repete!...

As grandes nações do passado, que escravizaram o mundo mediterrâneo, não se eximiram à derrocada das suas edificações, ao fracasso dos seus propósitos e programas; assírios e babilônios ficaram reduzidos a pó; egípcios e persas guardam, nos monumentos açoitados pelos ventos ardentes do deserto, as marcas da falência pomposa, das glórias de um dia; a Hélade, de tão gloriosas conquistas no mar Egeu e na circunferência em torno das suas ilhas, legou à posteridade o momento de ilusório poder, porém, milênios de fracassos bélicos e desgraças políticas.

As maravilhas da Humanidade reduziram-se a escombros: o Colosso de Rodes foi derrubado por um terremoto; o Túmulo de Mausolo arrebentou-se, passados os dias de Artemísia; o Santuário de Zeus, em Olímpia, e a estátua colossal foram reduzidos a poeira; os jardins suspensos de Semiramis arrebentaram-se e ficaram cobertos da sedimentação dos evos e das camadas de areia sucessivas da História. Assim aconteceu com outros tantos monumentos que assinalaram uma época, porém foram fogos-fátuos de um dia ou névoa que a ardência da sucessão dos séculos se encarregou de demitizar e de transformar.

Mas o Herói silencioso da Cruz, de braços abertos, transformou o instrumento de flagício em asas para a libertação de todas as criaturas, e a luz que fulgurou no topo da cruz converteu-se em perene madrugada para a Humanidade de todos os tempos.

O Brasil recebeu das suas mãos, através de Ismael, a missão de implantar no seu solo virgem de carmas coletivos, com pequenas exceções, a cruz da libertação das consciências de onde o amor alçará o vôo para abraçar as nações cansadas de guerras, os povos trucidados pela violência desencadeada contra os seus irmãos, os corações vencidos nas pelejas e lutas da dominação argentária, as mentes cansadas de perquirir e de negar, apontando o rumo novo do amor para que restaurem no coração a esperança e a coragem para a luta de redenção.

Permaneçam confiantes, os espíritas do Brasil, na missão espiritual da "pátria do Cruzeiro", silenciando a vaga de pessimismo que grassa e não colocando o combustível da descrença, nem das informações malsãs, nas labaredas crepitantes deste fim de século prenunciador de uma madrugada de bênçãos que teremos ensejo de perlustrar.

Jesus, meus filhos, confia em nós e espera que cumpramos com o nosso dever de divulgá-lo, custe-nos o contributo do sofrimento silencioso e das noites indormidas em relação à dificuldade para preservar a pureza dos nossos ideais, ante as licenças morais perturbadoras que nos chegam, sutis e agressivas, conspirando contra nossos propósitos superiores.

Divulgá-lo, vivo e atuante, no espírito da Codificação Espírita, é compromisso impostergável, que cada um de nós deve realizar com perfeita consciência de dever, sem nos deixarmos perturbar pelos hábeis sofistas da negação e pelas arengas pseudo-intelectuais dos aranzéis apresentados pela ociosidade dourada e pela inutilidade aplaudida.

Em Jesus temos "o ser mais perfeito que Deus nos ofereceu para servir-nos de modelo e guia"; o meio para alcançar o Pai, amorável e bom; o exemplo de quem, renunciando a si mesmo, preferiu o madeiro de humilhação à convivência agradável com a insensatez; de quem, vindo para viver o amor, fê-lo de tal forma que toda a ingratidão de quase vinte séculos não lhe pôde modificar a pulcritude dos sentimentos e a excelsitude da mensagem.

Ser espírita é ser cristão, viver religiosamente o Cristo de Deus em toda a intensidade do compromisso, caindo e levantando, desconjuntando os joelhos e retificando os passos, remendando as carnes dilaceradas e prosseguindo fiel em favor de si mesmo e da era do Espírito Imortal.

Chamados para esta luta que começa no país da consciência e se exterioriza na indimensionalidade geográfica, além das fronteiras do lar, do grupo social, da pátria, em direção do mundo, lutai para serdes escolhidos. Perseverai para receberdes a eleição de servidores fiéis que perderam tudo, menos a honra de servir; que padeceram, imolados na cruz invisível da renúncia, que vos erguerá aos páramos da plenitude.

Jesus, meus filhos — que prossegue crucificado pela ingratidão de muitos homens — é livre em nossos corações, caminha pelos nossos pés, afaga com nossas mãos, fala em nossas palavras gentis e só vê beleza pelos nossos olhos fulgurantes como estrelas luminíferas no silêncio da noite.

Levai esta bandeira luminosa: "Deus, Cristo e Caridade" esculpida em vossos sentimentos e trabalhai pela era melhor, que já se avizinha, divulgando o Espiritismo libertador onde quer que vos encontreis, sem o fanatismo dissolvente, mas sem a covardia conivente, que teme desvelar a verdade para não ficar mal colocada no grupo social da ilusão.

Agora, quando se abrem as portas para apresentar a mensagem do Cristo e de Kardec ao mundo, e logo mais, preparai-vos para que ela seja vista em vossa conduta, para que seja sentida em vossas realizações e para que seja experimentada nas Casas que momentaneamente administrais, mas que são dirigidas pelo Senhor de nossas vidas, através de vós, de todos nós.

O Brasil prossegue, meus filhos, com a sua missão histórica de "coração do mundo e pátria do Evangelho", mesmo que a descrença habitual, o cinismo rotulado de ironia, o sorriso em gargalhada estrídula e zombeteira tentem diminuir, em nome de ideologias materialistas travestidas de espiritualismo e destrutivas em nome da solidariedade. Que nos abençoe Jesus, o amigo de ontem — que já era antes de nós —, o Benfeitor de hoje — que permanece conosco —, e o

Guia para amanhã — que nos convida a tomar do seu fardo e receber o seu jugo, únicos a nos darem a plenitude e a paz.

Muita paz, meus filhos!

São os votos do servidor humílimo e paternal de sempre.

Mensagem recebida por via psicofônica pelo médium Divaldo Pereira Franco, em 6-11-1988, no encerramento das atividades da Reunião do Conselho Federativo Nacional, Brasília-DF. Extraída de *Reformador* de janeiro de 1989, p. 12 a 14.

24 O tríplice aspecto da Doutrina Espírita

Mas a vós, espíritas, que ouvistes a palavra da Revelação; a vós vos cabe levar por toda a parte as notícias do Reino de Deus, expandindo-as por todos os rincões da Terra. Não mais amanhã ou posteriormente. Agora tendes o compromisso de acender, na escuridão que domina o mundo, as estrelas luminíferas do Evangelho de Jesus. O Espiritismo é a Ciência que inquire, investigando e confirmando a imortalidade. É a Filosofia que equaciona os enigmas do comportamento humano. Mas é a Religião, amor que nos une como verdadeiros irmãos, sem distinção de raça, de fronteiras, de posição social, eliminando tudo aquilo que separa os homens.

Jesus é o mesmo hoje, como o era há dois mil anos. Restaurado na palavra consoladora da Doutrina Espírita, Ele nos conclama à união dos corações para a unificação dos postulados em torno do ideal da verdade.

Não creiais que o vosso compromisso com a vida seja uma viagem agradável ao país da fantasia, ou uma excursão ao oásis do prazer. Propusestes-vos ao trabalho de renovar a

Terra, candidatastes-vos à obra de edificação do bem, abristes os braços para que o amor se expanda em um hino de solidariedade universal, pesquisastes para possuirdes a certeza, elucidastes os enigmas para que não paire dúvida. Agora é ação. Quem desejar a cristificação não desdenhe a crucificação. Certamente não provareis do cutelo, não defrontareis as feras esfaimadas da arena. Não obstante, espíritas, meus irmãos, tereis em vosso mundo íntimo os instintos agressivos predominando e tentando obstaculizar-vos o avanço da mansuetude, tereis as lâminas aguçadas dos desejos servis dilacerando-vos as carnes da alma, e o vosso, não será o holocausto público, mas o martirológio silencioso da abnegação que só Jesus e os vossos guias saberão.

Não temais pois; nunca ficareis a sós. Nos momentos mais rudes, Ele vos dirá baixinho: Tende ânimo. Eu não venci no mundo dos negócios, nem das orgias, mas "Eu venci o mundo". [21]

Vencei-o, espíritas, meus irmãos, e ide em paz! O Brasil Espírita, através dos mensageiros que aqui nos reunimos, o mundo espírita que aqui está junto a nós, encarnado, através de vós, e desencarnado, conosco, abraça-vos e vos diz: "Ide em paz! E confiai em Deus em qualquer conjuntura".

Que Ele vos abençoe e a todos nos dê a sua paz. São os votos do vosso servidor humílimo de sempre.

Recebida psicofonicamente por Divaldo Pereira Franco, ao final de sua palestra na sessão de encerramento do Congresso Internacional de Espiritismo, em 5-10-1989.

Extraída de *Reformador* de novembro de 1989, p. 28.

---

[21] João, 16:23.

25 O trabalho espírita da paz

Meus filhos,

Guarde-nos o Senhor na sua paz.

Não obstante as ameaças de confrontamento, que se anuncia com os objetivos maléficos da guerra que parece inevitável, os discípulos do Evangelho permanecemos confiados na paz.

Diminuem as sombras que toldavam as relações entre as grandes potências da Terra, mas, porque o planeta é de provas e de expiações, irrompe, inesperadamente, uma densa treva que parece o prenunciar de uma hecatombe de conseqüências funestas.

Apesar disso, os seguidores de Jesus trabalhamos pela paz.

Diante das injunções dolorosas que se apresentam, é imprescindível que mantenhamos a flama do ideal, a fim de que tremule acima de todas as vicissitudes, apontando rumo como a esperança que não pode faltar na busca da felicidade humana.

Repetem-se os dias ásperos do Cristianismo primitivo, quando a mensagem de Jesus penetrou nos corações que foram invitados a abandonar as carnificinas habituais, para pautar a conduta pela solidariedade e o exercício do amor fraternal.

São inevitáveis, neste momento, as dores superlativas, as inquietações de largo porte, as dificuldades-desafios.

Jesus convida-nos ao testemunho, como outrora Ele próprio testificou a legitimidade do mandato de que se encontrava investido, para que os homens soubéssemos ser Ele, o excelente Filho de Deus, o modelo e guia para toda a Humanidade.

Certamente, depois dele, os testemunhos ficaram circunscritos às arenas, ao exílio, à perseguição de grupo, de clã, estabelecendo a separação entre o trigo e o joio. Mas, também, ainda hoje é assim, meus filhos. Não nos iludamos, as balizas da arena cresceram muito e as feras que estavam em jaulas e subterrâneos esfaimadas, aguardando o momento do holocausto dos servidores do ideal, agora estão dentro de nós, em torno de nós, disfarçadas, porém não menos ameaçadoras e cruéis.

Temos necessidade de porfiar no combate, mantendo o idealismo e a confiança irrestrita em Deus, valorizando a honra da fé que nos abraça.

Que outros discutam inutilmente; que diversos permaneçam distraídos na tribuna das controvérsias que não levam a lugar algum; que um grande número aplique o seu tempo no verbalismo vazio e na busca das coisas insignificantes, sem preocupação com as questões palpitantes e de importância para equacionar; que vários proíbam, cerceando os espaços da liberdade que deve viger em todos os corações e mentes que encontraram o Evangelho de Jesus. A nós nos cumpre o dever da retidão — pensar e agir corretamente, amar sem discriminação, compreender sem reserva, e dar aos outros o direito de serem conforme podem, mas, a nós próprios, nos impormos o compromisso de renovação a cada instante, para melhor, realizando com eficiência a tarefa que nos está reservada.

O conhecimento da Doutrina Espírita é portador de libertação, porque traz, no seu bojo, a verdade revelada a Allan Kardec, que prossegue abrindo espaço nas mentes e alargando os horizontes para a vida.

Fomos convidados, sim, para espalhar a luz que não pode ficar impedida pelas nossas limitações e pequenezes. Que dentro de nós vibre o pensamento do Cristo, e atue através da nossa conduta a beleza da mensagem espírita que, em breve, modificará o pensamento na Terra e expulsará, por definitivo, a guerra, o medo, a insatisfação, gerados pelo egoísmo, que cederá o passo ao altruísmo, que Jesus nos ofereceu na lição sacrossanta da caridade.

Unamo-nos, meus filhos! Às agressões, retribuamos com o perdão; à maledicência, ofereçamos a generosidade da compreensão; à violência que ergue a mão para nos afligir, doemos a solidariedade fraternal, contra a qual nenhuma força humana pode lutar. O mal vale o investimento que lhe oferecemos: se não o valorizarmos, mediante a nossa permanência no bem, ele deixará de ter significado, perderá a razão de ser, passando a plano secundário e desaparecendo. O mal, que não vemos, porque estamos espalhando o bem, vai absorvido como a sombra que desaparece no jato da luz.

A nossa é a tarefa de servir e de amar, preparando o advento do mundo melhor, que já se anuncia e chega lentamente.

Como é verdade que os homens se preparam para o lamentável confronto, no qual a guerra ainda não foi descartada, não menos verdade é que os homens, que representam as comunidades superdesenvolvidas, já se preocupam em parlamentar, discutir e encontrar os meios diplomáticos para equacionar os seus problemas, dirimindo as dificuldades que aparentemente os separam.

A verdade, que promana de Deus, alcança a todos. Assim, trabalhemos com acendrado amor e com esforço incessante, para que o Espiritismo realize a transformação social da Terra, como previsto pelo Codificador, e anunciado pelos embaixadores do Céu. Este é o dever impostergável, para o qual aqui nos reunimos, discutindo e estabelecendo diretrizes de equilíbrio e de segurança.

Não estais a sós, e o sabeis! Não vos reunis aqui para encontro de opiniões desassisadas, mas irmanados pelo ideal de realizar o que seja de melhor para o Movimento e o de mais útil para as criaturas humanas.

Porfiai, Jesus espera muito de nós, assim como a Ele entregamos os nossos destinos!

Continuai, filhos, certos de que o triunfo, que não tarda, tomará conta dos nossos corações em forma de plenitude e de paz.

Abençoe-nos o Senhor e que, entre nós, permaneça sua paz, são os votos do amigo e servidor humílimo e paternal de sempre.

Recebida psicofonicamente pelo médium Divaldo Pereira Franco, no dia 17-11-1990, na sede da FEB, em Brasília-DF, por ocasião da reunião do Conselho Federativo Nacional. Extraída de *Reformador* de janeiro de 1991, p. 12 e 13.

26 Lembrança oportuna

Filhos:

Nestes momentos de crise existencial por que passa nossa Humanidade, na transição para o milênio próximo, estejamos sempre vigilantes em nossa caminhada. São muitos os obstáculos a transpor, e os observadores espirituais à nossa volta, já impossibilitados de retornar ao orbe pela reencarnação, inquietos alguns, revoltados outros, vingativos outros mais, julgando-se, muitos deles, injustiçados pela Providência divina, cobram de cada um de nós o necessário aprumo moral-espiritual, a fim de merecermos a Terra do amanhã.

Vigiam-nos de perto.

Espreitam-nos os atos.

Policiam-nos as palavras.

Perscrutam-nos as intenções.

Acompanham-nos os desacertos.

Examinam-nos a honestidade, nas relações do cotidiano.

Medem-nos a estatura cristã, na postura de cada hora.

Registram-nos erros e deslizes como quem contabiliza, com avidez, créditos a exigir mais adiante.

Relacionam-nos em seus índex de perseguição e cobranças do passado.

Espreitam-nos, na posição em que se encontram, como presas fáceis às suas intenções menos felizes.

Incomoda-lhes nosso mais singelo esforço de melhoria espiritual, por nos distanciarmos de suas aspirações e companhias.

Ontem, comungamos-lhes os ideais sombrios, enquanto hoje, instigados pela renovação cristã, buscamos outros caminhos.

Mantenhamos acesa, dentro de nós, a lâmpada viva da fé e, à luz da oração, avancemos à frente segundo as recomendações do Mestre divino, com Ele e a serviço dele, que nos pastoreia a caminhada.

Faz-se inadiável a sublime advertência:

"— Brilhe a vossa luz!"[22]

É imprescindível altearmos a candeia do coração, a fim de afugentarmos as sombras, tredas e perigosas, em torno de nossos passos.

Ao combustível do Evangelho, seremos capazes de nos manter firmes e dedicados, seguindo nas pegadas luminosas de Jesus.

Eis o momento de cada um tomar a cruz de suas decisões e renúncias e avançar, por si mesmo, na direção do Mestre.

Sem demagogia, nem proselitismo.

---

[22] MATEUS, 5:16.

Sem adiamentos, nem desculpismos.

Sem receios, nem revolta.

Sem mascaramentos, nem rotulagem religiosa.

Agora, eis o instante decisivo, em nossas vidas, para aquela posição firme, consciente e corajosa de nossa fé!

—Vigiar e orar[23] — eis a sentença de ordem.

Jesus, à nossa frente, ilumina-nos os passos, por Sol Meridiano de nossas almas.

Mas é preciso seguirmos com Ele, escutando-lhe o chamado para não soçobrarmos às intempéries sombrias dos tempos de transição para o mundo de regeneração que a Terra nos ensejará.

"—Vem e segue-me!" — conclama-nos o Senhor.

Ao optarmos por Jesus, compreendamos a imperiosidade da vigilância e da oração para que os perigos à volta não nos intimidem e as tentações de toda ordem não se convertam em angustiantes adiamentos do bem em nossas vidas.

A experiência terrestre não deve ser desperdiçada. O mundo é nossa escola.

Estuguemos, pois, o passo e varemos obstáculos, sempre no rumo do Divino Amigo, almejando o futuro renovado com que o amanhã da Terra nos aguarda!

Paz!

Página psicografada em reunião pública da Casa Espírita Cristã, na noite de 5-8-1991, pelo médium Júlio Cezar Grandi Ribeiro, na abertura das reuniões comemorativas do "Mês de Bezerra de Menezes", na CEC.

Extraída de *Reformador* de junho de 1992, p. 167

---

23 Mateus, 26:4.

27 Rogativa a Jesus

Senhor Jesus!

No contubérnio[24] em que se encontram as criaturas humanas da Terra, unimos os nossos esforços em tentativa de modificar a paisagem sofrida, abrindo espaço para a era melhor do Espírito Imortal.

Na predominância dos que te buscam, disputando primazia e privilégio nas posições relevantes da vida social, ainda se demoram, segurando as rédeas do poder, os que se equivocaram, na interpretação das tuas lições de humildade e de renúncia.

Sobejam os Espíritos aturdidos que te negam e gargalham, ironizando a tua mensagem e acreditando-se indestrutíveis.

Multiplicam-se aqueles que acreditam no poder da carne e diluem-se ante a realidade da morte, despertando para a própria consciência anestesiada, experimentando largos períodos de aflição.

---

24 Vida em comum.

É certo, Senhor, que a paisagem do planeta hoje se apresenta turbada pelas paixões, mas não é diferente daquela psicosfera predominante quando vieste ter conosco. Roma assenhoreara-se do mundo e a águia dominadora sobrevoava o cadáver em decomposição das nações submetidas. Os privilégios de classe, de casta, de raça e de governança separavam os homens, assim como a política totalitária do arbítrio de César dividia as nações, esquartejando-as.

Mas, hoje, ainda é assim. Mudaram-se as épocas e permanecem os mesmos vícios. As criaturas retornaram em espírito, envergando indumentária diferente sem alterarem o comportamento íntimo.

Dois mil anos quase da mensagem que nos entregaste pessoalmente, e uma colheita de espinhos e amargura, no campo que nos ofereceste para joeirar.

Nenhuma queixa, no entanto, lamentação alguma, Senhor. É apenas uma análise da nossa pequenez, de servos imperfeitos que reconhecemos ser.

Luz, agora, resplandecente, a tua mensagem, na Revelação dos Imortais, atendendo às exigências da Ciência que investiga, utilizando-se de aparelhagem sofisticada no campo da eletrônica, confirmando-te as palavras de libertação e de vida eterna.

Conforta a criatura humana a filosofia defluente dos ensinos deles, enquanto a religião do amor une-nos, tornando-nos verdadeiramente servidores que ainda não logramos acertar o passo com o bem.

Por essas razões, exoramos a tua misericórdia, que vem ao lado do teu amor, que não soubemos honrar, para que ela nos cinja de luz e nos alce aos lugares da responsabilidade de consciência, a fim de que não retornemos aos pélagos vorazes da alucinação que nos ensandeceu, atirando-nos ao abismo de onde tentamos soerguer-nos.

Jesus! Recordamo-nos das multidões esfaimadas de pão e de luz, que se contentaram com o alimento do corpo por dificuldade de digerir o alimento de eternidade. A nossa, hoje, é a fome da verdade com que nos alimentas em definitivo, oferecendo-nos o pão do espírito para que não retornemos às necessidades primitivas.

Somos tão poucos, mal equipados, bisonhamente preparados para a grande luta, porém somos aqueles a quem entregas a tarefa de trabalhar pela sociedade justa, pelo homem integral do futuro, qual o fizeste com os modestos pescadores da Galiléia, os servidores humildes que faziam parte do poviléu e que se tornaram, salvadas mínimas exceções, dignos da incumbência que lhes delegaste.

Ajuda-nos, Senhor, a sair da tua casa na direção do mundo hostil, resultado da nossa imprevidência de ontem. Aqui há paz, aqui forjamos as nossas esperanças nas labaredas do ideal para enfrentarmos a luta lá fora, onde estão nossos irmãos iludidos, agressivos, violentos ou desanimados.

Segue à frente, Senhor, pois que nos prometeste que nunca nos deixarias a sós, e permite que, em te apresentando ao mundo, sejas Tu quem se faça conhecido e não nós. Seja a tua a palavra de vida dentro das nossas palavras, eliminando o grotesco da forma e a insuficiência de verbalização, para que a tua luz expulse em definitivo do mundo as sombras dominadoras e todos possamos dizer:

— Salve Cristo, aqueles que te amamos bendizemos-te e agasalhamos-te na Terra por todos os evos do futuro.

Meus filhos, ide e amai.

Não vos esqueçais de que Jesus em nós é vida em abundância que nos deve bastar, atendendo-nos a todas as necessidades do coração. Ele não nos prometeu facilidades. Abraçou, pessoalmente, a cruz para ensinar-nos que redenção é sacrifício de cada um, imolando-se nos madeiros das próprias renúncias e da abnegação.

O insigne Codificador entendeu-o e, enfrentando todas as lutas, nunca se deixou abater, porque voava através da oração acima da Humanidade e de lá podia antever o que lhe estava reservado. Fazei o mesmo e não temais. Não alimenteis o mal, as dissensões; não enfrenteis o mundo com as armas do mundo; não vos niveleis pela média inferior das paixões humanas; sobrenadai no rio dos conflitos, apresentando-vos como discípulos de Jesus que sois e que tendes na Ciência o apoio, na Filosofia a diretriz comportamental e na Religião o elo de religação com Deus através de Jesus.

Nunca estareis a sós.

Que o Senhor de bênçãos nos abençoe, meus filhos, são os votos do servidor humílimo e paternal de sempre.

RECEBIDA PSICOFONICAMENTE POR DIVALDO PEREIRA FRANCO, NO ENCERRAMENTO DA REUNIÃO DO CONSELHO FEDERATIVO NACIONAL DA FEB, EM BRASÍLIA-DF, EM 10-11-1991. EXTRAÍDA DE *REFORMADOR* DE MARÇO DE 1992, P. 72 E 73.

28 Primado do amor

Meus filhos:

Que o Senhor nos abençoe!

Amanhece dia novo!

As sombras trevosas que vêm permanecendo sobre a Humanidade cedem lugar à claridade do dia que surge.

Com a manjedoura tivemos o momento glorioso do sol de primeira grandeza derramando a luz poderosa da Verdade para mudar os destinos do homem e da Terra. Na sua ressurreição gloriosa, Jesus utilizou-se da madrugada para afirmar que o poder do amor de Deus — claridade inapagável — permaneceria conduzindo os rumos do seu pensamento entre os homens.

Não obstante essa contribuição valiosa, ficaram várias regiões em sombras e, periodicamente, tornaram-se mais densas as trevas. Ante o clangor da guerra, as expressões dos sofrimentos coletivos, a desesperação das nações e dos povos, vez que outra, na noite calamitosa, estrelas luminíferas baixaram à Terra na personificação dos grandes missionários que trouxeram de volta o pensamento de Jesus.

Com Allan Kardec, raiou o momento culminante para que se instalasse em definitivo, no mundo, o pensamento de Jesus Cristo e não mais as sombras governassem o planeta. Apesar da presença gloriosa do Codificador, tem sido áspera a luta da treva tentando impedir a marcha da luz.

Hoje, porém, com a contribuição da tecnologia aliada à Ciência, e a vivência dos postulados espíritas, amanhece dia novo, ensejando possibilidades felizes para o planeta de regeneração que logo mais estará instalado nos corações dos homens.

Quanto ainda a joeirar no terreno das almas!... Não consideremos o campo conquistado como livre das incursões da tenebrosa noite que traz a agonia e o desespero.

A promessa do Senhor ressurge na Doutrina Espírita como o retorno dele aos corações.

É imprescindível que pugnemos com abnegação e renúncia na causa da Verdade libertadora. Problemas e dificuldades, testemunhos e provas permanecerão ao nosso lado, obstaculizando a nossa marcha.

Não temais! Arrostai as conseqüências da vossa convicção e pagai o glorioso tributo à fé que esposais, como a honra máxima da atual existência, a que vos vinculais no corpo, e da grande experiência que vivemos juntos; os dois mundos preparando a Era Melhor do Espírito Imortal.

O Espiritismo logrará a renovação da sociedade, implantando o *primado do amor*, e sois vós, meus filhos, que devereis fazê-lo a contributo, às vezes, da lágrima, da solidão e do silêncio, não anuindo com o crime, nem convivendo com o erro, seja qual for a justificativa que apareça como conciliadora.

A nossa opção está feita: é Jesus! Tornemo-nos escravos voluntários do seu amor.

Que outros se permitam os vôos ambiciosos da inteligência sem Deus; que outros se facultem as discussões inócuas e vazias, em torno das vacuidades e das aparências humanas; que nós, no entanto, nos integremos nas hostes do Consolador, entregando-nos em totalidade ao ministério que não pode ser postergado indefinidamente.

Que outros falem das conquistas inegáveis da Ciência, que tem oferecido horizontes amplos para o prazer, para as alegrias humanas; que outras mentes se fascinem com os florilégios filosóficos e as várias interpretações de escolas, fugindo à realidade da transformação moral; mas nós temos o compromisso com a Religião do Amor, sem nenhuma indiferença pelas demais conquistas do conhecimento humano.

O nosso trabalho é de dedicação à causa da Verdade, estabelecendo as linhas da fraternidade e do bem, começando a vivência cristã em nosso íntimo, em nosso lar, na família — a célula gloriosa da nossa redenção —, para daí partirmos na direção da família terrestre sob as bênçãos do planeta-mãe que nos hospeda há milênios.

As nossas decisões são baseadas nas palavras de Jesus; a nossa definição é o Evangelho, que faz falta ao mundo, e que, aparentemente divulgado, não tem encontrado ressonância nos corações, apesar de memorizado e repetido pelos expoentes das doutrinas religiosas.

Jesus, para nós, é o zênite e o nadir, pelo que tem feito em benefício nosso desde o princípio, nesta grande paixão que mantém por nós, a fim de que nos apressemos para encontrar a paz.

Porfiai, pois, obreiros da Era Nova! Tende a coragem de discutir sem dissentir, de discordar sem separar, porque o nosso fulcro é a Verdade que defenderemos com a própria vida, como temos feito — muitos de nós — através dos evos.

Como no passado, as vozes volvem no contubérnio das emoções para falar uma só linguagem: *amor*! Amor direcionado pelo conhecimento. Amor que deve ser vivido em todo instante. Amor a Deus e ao próximo como a si mesmo. Não há alternativa!

*

Senhor Jesus!

Aqui estamos — aqueles que firmamos o pacto de amor contigo — para dizer-te da nossa gratidão, para oferecer-te o nosso ideal em favor do mundo novo!

Utiliza-nos, Mestre, na semeadura da Verdade, para que a noite teimosa desapareça da Terra e, por enquanto, despede-nos em paz, permanecendo conosco até o fim dos evos. Que assim seja!

Muita paz, meus filhos. Com todo o afeto paternal, o servidor humílimo de sempre.

Mensagem psicofônica recebida pelo médium Divaldo Pereira Franco, na Reunião do Conselho Federativo Nacional, em 7-11-1992. Extraída de *Reformador* de dezembro de 1992, p. 361.

29 Mensagem de estímulo e fé

O ESPIRITISMO é a grande luz que desce sobre a Humanidade. É a grande luz que vem apontar o rumo de uma nova era às criaturas humanas.

Isto porque a sociedade é devedora.

O homem da Ciência e da Tecnologia chega à porta da fé suplicando entrada. O conhecimento intelectual não lhe permitiu a realização interior. Em que pesem as conquistas externas, faltam-lhe os valores éticos para aplicá-las.

Uma onda de sofrimentos varre a Terra e o homem chora. A morte o ameaça. Em vão, ele se pergunta: que é a vida? O conhecimento intelectual encaminha-o na conquista do macro e do microcosmo, porém não o libertou da consciência de culpa.

Por isso, filhos da alma, a necessidade de Jesus é impostergável. Faz-se urgente a cristianização da Humanidade e das nações.

Vós haveis solicitado a permissão divina para renascer, semeando esperança e luz. Vós rogastes a permissão de reencarnar para oferecer à Humanidade os requisitos para um mundo melhor... E o mundo espiritual vos tem atendido.

Este é vosso momento de servir.

Mantende vossa mente vinculada a Deus e vosso coração, sensível e amoroso, dirigido à solidariedade humana.

A luta é desafio. Aquele que não experimenta desafio não progride.

Mede-se o valor de um lutador pelas dificuldades que experimenta.

Portanto, mirando a Jesus, a seus apóstolos e àqueles que o seguiram, oferecendo-lhe a vida e renunciando-se a si mesmos, avançareis com valor.

Temos em Allan Kardec o protótipo do verdadeiro cristão, que não recusou a luta e se desgastou numa entrega total.

Assim, permanecei vigilantes, otimistas!

Confiando em Deus, não faltarão nunca os recursos indispensáveis para vosso êxito. Os Espíritos, vossos amigos e guias, estamos ao vosso lado, trabalhando para que tenhais forças para levar avante o compromisso abraçado.

Porém, não amanhã, senão agora.

Não mais tarde, senão neste momento.

Jesus confia em vós e espera o cumprimento de vossos deveres.

Em nome de nossos amigos espirituais dos diferentes países aqui presentes, traduzimos a confiança deles em vossas forças e em vossos sentimentos.

Bom ânimo, filhos!

Quando a noite se apresenta mais escura, é necessário recordar que, acima das nuvens, brilham as estrelas.

Quando as trevas se fizerem mais fortes, à meia-noite, o primeiro minuto, conquanto esteja assinalado pela escuridão, já é amanhecer.

Estamos no amanhecer da nova era.

Preparai o caminho daqueles que virão depois, e o de vós mesmos.

Rogando a Deus que nos proteja, que nos ampare, com carinho paternal, vosso amigo dedicado de sempre.

Mensagem recebida pelo médium Divaldo Pereira Franco,
no dia 18-8-1994, durante a reunião do Conselho Espírita
Internacional – CEI, realizada em Miami, EUA,
de 17 a 21 de agosto de 1994, e gravada diretamente em espanhol.
Extraída de *Reformador* de fevereiro de 1995, p. 37.

30 Novos desafios

É necessário que nos convençamos de que esta é a hora. Não amanhã, nem mais tarde.

Este é o momento azado para a nossa entrega.

Sem abandonarmos os compromissos a que nos vinculamos, deixemos Jesus tomar conta do nosso coração.

Permitamos que Ele interpenetre nossa vida, e lenta quão suavemente se aposse do nosso ser, produzindo a grande transformação moral que irá facilitar a edificação do mundo novo.

Concluída a tarefa de natureza teórica, debatidos os temas centrais que foram programados para o nosso ágape, ide, servidores da fé renovada, com a certeza de que sois os construtores do mundo de amanhã.

Não vos recuseis aos calos nas mãos ante a charrua do dever.

Não vos negueis à dedicação total de vossa alma, das vossas horas e dos vossos corpos para que esplenda o Evangelho do Reino.

Evitai a discórdia; superai as dificuldades de interpretação; esquecei as antipatias, as diferenças de natureza afetiva.

Se não fordes capazes de vos amar, no mesmo ideal, como podereis programar amor àqueles que não concordam convosco?

Formai um todo homogêneo, um todo harmônico, e com as bases estruturais da Doutrina Espírita, em toda parte interpretada e aplicada, variará cada questão conforme a região.

Sede cristãos! Esta palavra, cristãos, define bem a ética moral da Doutrina, sem desrespeito às outras denominações que vicejam na Terra.

Nós, vossos amigos espirituais, aqui estamos de pé, em intercâmbio convosco, para apressarmos o grande momento da fraternidade universal, para construirmos a civilização justa, onde os fatores de perturbações sociais, econômicas desapareçam diante da grandeza moral dos postulados avançados.

Ide, servidores da Boa Nova! Cantai a música da Nova Era.

Se chorardes, sem qualquer masoquismo, transformai vossas lágrimas em fulgurações estelares.

Se sofrerdes, transformai as feridas ocultas em condecorações que vos identificarão com o Mestre divino.

Jesus espera! Demo-nos as mãos, espíritas do mundo, e construamos a Era Melhor.

Os Espíritos da Luz, que estão conosco e aqui se congregam de diferentes partes da Terra, cantam hosanas, a cujas vozes unimos a nossa voz para dizer: Ave Cristo! Aqueles que te amam entregam a sua vida nas tuas mãos para a glória eterna.

Muita paz, meus filhos.

Que o Senhor vos abençoe!

São os votos dos Espíritos-espíritas, e nossos votos de servidor humílimo e paternal de sempre,

Bezerra

Mensagem recebida por via psicofônica pelo médium Divaldo Pereira Franco, com a qual se encerrou o 1º Congresso Espírita Mundial promovido pelo Conselho Espírita Internacional, em Brasília-DF, em 5 de outubro de 1995, às 18 horas.

31 Não temer adversários

Meus filhos, que Jesus nos abençoe!

Encontramo-nos diante da mensagem libertadora de Jesus, convidados a espalhá-la por sobre a Terra.

Cristianizar o mundo, através do conhecimento e do amor, é o impositivo da era nova.

Não aguardemos, porém, compensações e prêmios que não merecemos. Por enquanto, estamos na lide da Boa Nova, repetindo experiências nas quais malogramos. Equipados, porém, com os instrumentos da razão, dispomos dos recursos hábeis para o êxito, que nos foram legados pela Codificação Espírita.

Muitas vezes, intentamos, no passado, servir a Jesus e despertamos em aflições dolorosas depois da vilegiatura carnal, quando nos demos conta dos erros lamentáveis por onde trilhamos.

Agora não nos é mais permitida oportunidade de malbaratar a essência luminosa, porque estamos conscientizados de que o nosso é o ministério do sacrifício, assinalado pela doação total de nossas existências.

Se recordamos Jesus, vemos que todo Ele é uma revolução, e que não houve lugar para a sua presença na Terra, tampouco para a sua mensagem nos corações das nações e dos povos.

O seu berço foi assinalado pelas revelações espirituais. Logo depois, Herodes, temendo que Ele lhe tomasse o lugar transitório, mandou ceifar vidas infantis, desejando, com esse gesto brutal, impedir-lhe o ministério.

Entre os seus, em Nazaré, Ele não recebeu compreensão e viu-se constrangido a transferir-se para a Galiléia, não retornando aos sítios queridos dos seus antepassados.

Onde se apresentava, naquele período de quase três anos de vida pública, a incompreensão seguia-lhe as pegadas.

O farisaísmo, a intriga sórdida, a impiedade das massas não o pouparam; não obstante, Ele permaneceu afável e gentil, amoroso e nobre, fiel ao compromisso que o Pai lhe havia conferido.

Mesmo no colégio apostólico, não poucas vezes, viu-se a sós ante a fragilidade dos companheiros humanos e inquietos. Nos momentos culminantes, um deles, equivocando-se, vendeu-o aos adversários, enquanto outro, atemorizado, negou-o, repetidas vezes, e, quando Ele necessitava de companhia, encontrou guarida apenas no Pai através da oração.

A cruz pertenceu-lhe por legado do ministério, e, abraçando-a, retornou ao seio da Divindade de onde viera, dizendo-nos que, por enquanto, no mundo, somente teremos aflições...

Não esperemos que nos compreendam os tradicionais adversários do progresso. Falou-nos o Senhor que não veio trazer a paz, mas a divisão, e que veio atear o incêndio.

Companheiros queridos levantar-se-ão contra os nossos propósitos, quando formos fiéis aos objetivos que abraçamos; dirão expressões azedas, assacando-nos calúnias cruéis, que nos não merecerão consideração.

Impossibilitados — tais inimigos de si mesmos — de agredirem o ideal que esposamos em nossas fileiras, agredirão a pessoa de cada um de nós, porque, quando não se podem vencer ideais superiores, perseguem-se os idealistas, na vanglória de que, impedindo-lhes a marcha, silenciam o conteúdo que por eles se expressa.

Ilusão!... Quando o idealista tomba, vitimado pelas circunstâncias negativas, o ideal ressuma e ainda se nutre do suor e do sangue dos que caem na sua defesa.

Ide, pois, filhos queridos, imanados ao Evangelho de Jesus; criticados, mas não perseguidores de ninguém; incompreendidos, porém fraternos e joviais, porque todos somos filhos de Deus e aquele que, momentaneamente, se transforma em inimigo nosso, permanece como irmão carente de luz, de entendimento e de afetividade.

Nós, os vossos amigos espirituais, estamos convosco e com todos, porquanto a divergência de opiniões e as posturas negativas não nos afastam da necessidade de ajudar e ajudar sempre, qual tem feito conosco o Senhor nestes milênios do processo de evolução.

Avançai, cada vez mais devotados, vencendo, passo a passo, as distâncias que vos separam de outros corações, porém, vencendo-vos a vós próprios, para que se instale definitivamente no país dos vossos sentimentos o Reino de Deus, rico de hosanas, no qual vos plenificareis em comunhão com aquele que permanece como o Caminho da Verdade e da Vida.

Deus nos abençoe, meus filhos, e que Jesus permaneça conosco, guiando-nos hoje, amanhã e sempre.

São os votos do servidor humílimo e paternal.

Mensagem recebida, por via psicofônica, pelo médium Divaldo Pereira Franco, em 6-11-1994, no encerramento da Reunião do Conselho Federativo Nacional, em Brasília-DF. Extraída de *Reformador* de dezembro de 1994, p. 357.

32 Nada pode deter a marcha da Doutrina Espírita

Meus Filhos:

Permaneça conosco a paz do Senhor!

Recrudescem as lutas.

Os anunciados tempos de transição chegam e fragorosas batalhas são travadas.

É indispensável a aferição de valores que devem caracterizar os combatentes.

Dificuldades e desafios apresentam-se no planeta em todas as áreas do conhecimento e do comportamento.

As estruturas mal construídas do passado esboroam-se ante o fragor das demolições incessantes.

A árvore que não foi plantada pelo Bem é derrubada, e as casas edificadas sobre as areias movediças ruem desastrosamente. Mas a obra do bem permanece suportando os vendavais, enfrentando todos os desafios.

Não nos preocupemos com esses momentos que nos chegam, estabelecendo entre as criaturas o desequilíbrio e estimulando à debandada.

Os discípulos da verdade devem permanecer fiéis aos postulados que abraçam, vivenciando-os.

Não seja, pois, de estranhar, que a incompreensão sitie os nossos passos, e obstáculos imprevistos apareçam pela senda que percorremos.

Devemos contar com a consciência ilibada e nunca aguardar o aplauso da insensatez.

Nosso modelo é Jesus, para quem não houve lugar no mundo.

O Codificador igualmente seguiu-lhe as pegadas e soube arrostar as conseqüências do messianato a que se entregou, incorruptível e tranqüilo.

Lamentamos que as maiores dificuldades sejam intestinas em nosso Movimento, mas compreendemos que as criaturas se demoram em diferentes patamares de consciência, possuindo a ótica própria para observação dos fatos e interpretação da mensagem.

Já que não nos é lícito impor a proposta espírita libertadora, não nos preocupemos com as imposições que nos chegam.

Todos estamos informados dos fins dos tempos e o egrégio Codificador da Doutrina asseverou-nos que o mundo de provas e de expiações cederia lugar ao mundo de regeneração.

Através dos tempos se tem informado que essa modificação se dará por meio de fenômenos sísmicos dolorosos; através de lutas cruentas, em guerras intermináveis; mediante os conflitos humanos. No entanto, se observarmos a História, encontraremos todos esses acontecimentos assinalando períodos de transição.

A grande luta deste momento se travará no país da consciência de cada discípulo de Jesus. As convulsões serão de natureza interna. A batalha mais difícil será a da superação das más inclinações, administrando-as e direcionando-as para o Bem.

Por mais difíceis se nos apresentem as acusações, e por mais terrível seja a morbidez direcionada para impossibilitar-nos o avanço, mantenhamos a serenidade.

Que receio nos podem proporcionar aqueles que apenas falam contra nós?!

Atuando no bem e sabendo confiar no tempo, levaremos a mensagem de libertação da Doutrina Espírita às diferentes nações da Terra, pulcra, conforme no-la legaram os Espíritos por intermédio de Allan Kardec e dos seus discípulos mais dedicados.

O Movimento expande-se; nada pode deter a marcha da Doutrina Espírita, nem mesmo aqueles que, dizendo-se adeptos da palavra do Codificador, erguem-se para zurzir-nos com as expressões destrutivas, utilizando-se das armas da impiedade disfarçada de dedicação à causa.

O servidor da verdade permanece-lhe fiel, não divulgando o mal, mas apresentando o bem; mesmo do erro tirando a melhor parte, aquela que serve de lição para não se voltar ao engano ou não se estabelecerem novos compromissos negativos.

Confiai, filhos dedicados!

Vossos passos na Terra devem deixar sinais que possam servir de roteiro para os que vierem depois.

O nosso compromisso é com Jesus, o Amor, e com Allan Kardec, a razão, para que a religião cósmica da verdade domine os corações humanos, restaurando no planeta a era da legítima fraternidade.

O Espiritismo vem desempenhando o papel para o qual foi codificado.

Não nos detenhamos na análise dos impedimentos, dos erros, mas examinemos a extensão dos benefícios que hoje conduzem milhões de vidas que se norteiam para o Bem.

Não guardemos qualquer ressentimento, nem nos deixemos entristecer ou entibiar, quando as forças parecerem diminuídas.

Não nos permitamos desanimar, porquanto o nosso é um trabalho pioneiro, a nossa é uma tarefa caracterizada pelo estoicismo.

Nossa jornada deve estar assinalada pelo amor, e é natural que ainda não haja lugar para ele entre muitos Espíritos que se encontram em níveis de evolução diferentes.

Avancemos unidos. O ideal de unificação vem do mundo espiritual para a Terra.

Se não formos capazes de discutir as nossas dificuldades idealísticas em clima de paz, de fraternidade, de respeito mútuo, de dignificação dos indivíduos e das instituições, que mensagem podemos oferecer ao mundo e às criaturas estúrdias deste momento?!

Tem-se a medida do valor moral do homem pelas resistências que vive nas lutas que trava.

Os ideais tornam-se grandiosos pelo que provocam nos inimigos gratuitos do progresso.

A Doutrina Espírita, repitamos, é Jesus, meus filhos, em nova linguagem perfeitamente compatível com os arroubos da Ciência e os fatos demonstrados pela experimentação de laboratório, assim como pelas conquistas tecnológicas. Mas a criatura humana, que é o laboratório da própria evolução, no seu encontro com Jesus através da fé racional, clara e nobre, é o campo onde o bem se instalará em definitivo, como célula do organismo social. E dessa criatura transformada teremos a sociedade melhor que o Espiritismo deve construir.

Fiquem, no passado, todos os problemas-desafio.

Fiquem, no silêncio das nossas palavras e no verbo das nossas ações edificantes, os nossos propósitos de servir, confiando que a casa construída na rocha sobreviverá aos fatores externos que, aparentemente, a ameaçam, e o ideal sobrepairará conduzindo todos ao imenso fanal da plenitude.

★

Senhor de nossas vidas, prossegue conduzindo-nos!

Ovelhas tresmalhadas que somos do teu rebanho, apieda-te da nossa tibieza de caráter, da nossa fragilidade moral e conduze-nos com a tua paciência de Pastor multimilenário, que nos aguarda pelas trilhas da evolução.

Despede-nos, Excelente Filho de Deus, enriquecidos de paz e de entusiasmo, na certeza de que nunca nos deixarás a sós, mesmo quando, por qualquer circunstância, nos resolvamos afastar de ti; concede-nos então uma outra oportunidade, permanecendo conosco por todo o tempo.

Que assim seja!

★

Muita paz, meus filhos.

Que o Senhor permaneça conosco, são os votos do servidor humílimo e fraternal de sempre.

Mensagem psicofônica recebida pelo médium Divaldo Pereira Franco ao encerramento da Reunião Ordinária do Conselho Federativo Nacional, no dia 10-11-1996, em Brasília-DF. Extraída de *Reformador* de janeiro de 1997, p. 12 e 13.

33 União dos espíritas

Meus Filhos,

Que nos abençoe Jesus!

O momento da sega encontra-se distante. O solo, que deve ser arroteado, aguarda obreiros diligentes. Os céus permanecem penumbrosos e as dificuldades desafiadoras. Indispensável que o semeador dê prosseguimento ao compromisso quase de ensementar a palavra de luz na terra dos corações. Em quase toda parte medra o escalracho ameaçador. O sarçal permanece estrangulando as plântulas que começam a apontar bandeiras de esperança após a germinação. Mais do que nunca tornam-se indispensáveis os cuidados com a irrigação, com a adubagem, em relação às pragas que se vêm aninhando multimilenarmente na ensementação do Bem. Alarga-se a proposta de Jesus desvelada pela Revelação Espírita. Uma grande alegria toma conta das mentes e dos corações que laboram na seara de luz.

Merece, no entanto, considerar que tudo aquilo que se desenvolve na superfície padece a hipertrofia da profundidade.

Os ideais, à medida que se vulgarizam, perdem em qualidade o que logram conquistar em quantidade.

A Terceira Revelação não é excepcional concessão de Deus que passe entre os homens em caráter privilegiado. Constitui-se, a nós, espíritas de ambos os planos da Vida, bênção e honra a vinculação aos postulados da Codificação Espírita, mas também sobre nós repousam as responsabilidades graves em torno de como nos utilizaremos da concessão superior para torná-la aceita pelas multidões necessitadas de paz, perdidas no báratro de si mesmas, ansiosas por encontrar o rumo.

Um labor, como o do Espiritismo, que visa à transformação moral da Terra mediante a modificação interior da criatura para melhor, é o mais grandioso desafio que a inteligência contemporânea enfrenta e que os sentimentos humanos defrontam.

É natural, meus filhos, que haja chuva de calhaus, que haja problemas à frente, que surjam incompreensões, que apareçam provocações de toda natureza.

Admirando e amando os cristãos primitivos que se doaram em holocausto, oferecendo a própria existência física para que pudéssemos fruir a benção da mensagem libertadora hoje, não nos podemos esquecer da contribuição que nos é exigida pela Lei de progresso, preparando os dias de amanhã.

Não estranhemos, portanto, as conjunturas difíceis, as lutas inevitáveis e, forrados de fraternidade, de espírito de amor, sejamos nós aqueles que compreendamos os que nos não compreendem, que toleremos aqueles que não estejam caminhando conosco, envolvendo-os na vibração dúlcida da nossa simpatia em prece, dando-lhes o direito de ser livres na forma de proceder, de nos encarar e até mesmo de nos combater.

Se, por acaso, alguém se levanta como nosso adversário ideológico, ou se ergue como nosso inimigo pessoal, eis-nos diante do testemunho da nossa fé. Espiritismo hoje é o Cristianismo pulsante de ontem, convidando-nos ao amor, para que todos saibam em definitivo que somos discípulos de Jesus, o amigo antagonizado pelo poder temporal, pelas injunções políticas, pelos caprichos religiosos, fiel, no entanto, a Deus e ao objetivo do trabalho a que se entregou até a consumpção do corpo.

Não há alternativa hoje, senão palmilhar os caminhos que Ele percorreu.

A unificação dos espíritas é trabalho para todos os dias, para todas as horas do nosso Movimento. Paulatinamente é conquista realizada, passo a passo, urgente, porquanto se torna necessária, para que a fragmentação, para que as dissensões, para que o egotismo dos indivíduos e dos grupos não semeiem discórdias graves nem ameacem o patrimônio doutrinário.

Cumpre-vos transferir às gerações porvindouras, com a pulcritude que recebestes, o patrimônio espírita legado pelos benfeitores da Humanidade e codificado pelo ínclito Allan Kardec, preparando as gerações novas, que vos sucederão na jornada de construção do mundo novo.

Colocai, nos seus corações infantis, a palavra de ordem, o amor à proposta de libertação, a educação, para que a sabedoria venha guiar-lhes os passos na Era Nova que se avizinha.

Mas, vós, porfiai com espírito de combate, desarmados dos instrumentos fratricidas e equipados com os admiráveis recursos do amor, da solidariedade, da caridade.

A sega ainda não está à vista.

Uni-vos, amando-vos uns aos outros, mesmo quando discrepando nas observações, na ótica, mas firmados nos ideais estruturais dos postulados espíritas exarados na "Introdução" da obra básica, *O Livro dos Espíritos*.

Que a maneira de interpretar não constitua obstáculo para o objetivo do amor, desde que pretendemos unir-nos aos que ainda não conhecem Deus ou se negam a aceitá-lo; àqueles que não fazem parte da grei na qual mourejamos, ou a essoutros que se colocam como adversários irônicos e cruéis do Cristo redivivo.

Como poderíamos ter atitude diferente com as ovelhas do mesmo aprisco, que momentaneamente preferem permanecer aguardando a voz do pastor ou caminhando isoladas, mas seguindo o mesmo rumo?

Abrem-se novos horizontes; estamos mais perto. Entidades e criaturas, retifiquemos nossas arestas com o buril da parlamentação, evitando a lixa grosseira da acrimônia, da crítica mordaz, que somente perturbam em vez de ajudar.

Reunidos, tornamo-nos identificados com o espírito do Cristo e fortes no ideal. Separados, abrimos campo a investidas soezes do mal, que ainda encontra predomínio em nós próprios.

Guardemos na mente que os maiores inimigos não estão fora, não são aqueles que erguem o dedo e a voz acusadores, são as nossas imperfeições, que nos levam a revidar, a anatematizar, a ferir e a nos tornarmos inimigos em nome de um ideal de fraternidade.

Se não lograrmos, identificados no postulado maior do amor, tolerar-nos; se não conseguirmos respeitar-nos, como teríamos a coragem de pregar solidariedade aos outros, tolerância para com os outros, em nome do trabalho de construção do mundo novo?

Espírita, a palavra é uma condecoração, que não se coloca sobre a indumentária para evidenciar indivíduos, mas que se implanta, no cerne do ser, muitas vezes como ferida aberta em chaga viva a exsudar esperança e amor.

Semeai e semeai!

Não importa que alguns grãos caiam em solo árido, na greta do asfalto, porque a que tombar no solo ubérrimo dará espigas de luz de mil por um grão, reverdecendo o mundo.

Estais convidados à união, trabalhando pela unificação das casas espíritas, no Brasil, e no mundo.

Sede, pois, fiéis até o fim.

Não há outra opção que vos possamos oferecer.

Muita paz, meus filhos, é o que suplica ao Senhor, em nome dos Espíritos-espíritas aqui presentes, o servidor humílimo e paternal de sempre.

Mensagem psicofônica recebida pelo médium Divaldo Pereira Franco na Reunião Ordinária do Conselho Federativo Nacional, no dia 9-11-1997, em Brasília-DF. Extraída de *Reformador* de janeiro de 1998, p. 16 e 17.

34 Espiritismo e Evangelho

Meus filhos,

Que Jesus vos abençoe!

Periodicamente a terra experimenta graves convulsões, desde aquela de natureza sísmica até aqueloutra de natureza moral.

A sociedade contemporânea encontra-se em grave crise na qual os valores humanos estão sendo contestados.

A ética moral avança enlouquecida nos braços da violência e da agressividade, da conturbação, dos distúrbios emocionais e dos graves conflitos sexuais.

Há menos de cinqüenta anos, a crise do após-guerra elegeu os deuses do *nadaísmo* através do desequilíbrio dos pensadores que proclamaram a desnecessidade dos valores espirituais.

Posteriormente, nova revolução eclode contra o Espírito imortal na década referente aos anos sessenta, mas hoje os instrumentos do desequilíbrio fomentam as guerras que se alastram da intimidade dos corações para as nações em pugnas constantes, ameaçando a paz do planeta.

Não seja de estranhar a presença desse espectro truanesco que paira sobre a civilização, elevado às suas culminâncias pela Ciência e pela tecnologia.

Sucede que as conquistas da inteligência, quando se afastam de Deus, pervertem-se.

Não podemos negar os valores adquiridos nos últimos séculos, que dizem respeito aos direitos humanos, à liberdade de pensamento, à fraternidade, à igualdade das criaturas. Mas somos convidados a reconhecer que o desenvolvimento espiritual não acompanhou a grande jornada das conquistas materiais.

O conforto, a necessidade, a ânsia do poder sobrepõem-se aos dispositivos do ser profundo, e o homem e a mulher modernos, embora se banqueteando nas conquistas da comodidade, têm os olhos fechados e os ouvidos cerrados à dor, aos lamentos e à fome que se encontram a sua volta.

Extraordinária missão cabe ao Espiritismo: reumanizar a sociedade moderna; trazer de volta Jesus, para que os homens compreendam, por definitivo, o sentido do amor e as suas naturais conseqüências; a fraternidade, o respeito à ordem e aos direitos de todos os seres sencientes.

Mas nos encontramos na noite da grande transição, que cederá lugar ao amanhecer de uma era nova, e vós, espíritas, estais convidados ao trabalho de edificação dos porvindouros dias, desde hoje, pela vossa transformação moral, pelo empenho de cooperar com o Psiquismo divino, que vos chega pela inspiração ou através das estrelas que descem do céu caindo sobre a Terra na personificação dos Espíritos que constituem o grupo da Verdade. É tarefa ingente, sacrificial, mas, na vossa condição de cristãos, não podeis olvidar que a Doutrina do Mestre crucificado alcançou o seu momento glorioso nos dias inolvidáveis do martirológio. As dez perseguições iniciadas pelo imperador Nero no ano de 54, e que se alongaram até o século III, assinalam os momentos sublimes do testemunho, testemunho que sempre caracterizou todos os seres do ideal, desta ou daquela natureza, especialmente do ideal cristão.

Espiritismo sem Jesus, meus filhos, não vai além de simples comunicação com as almas dos chamados defuntos. Espiritismo sem Evangelho não deixa de ser manifestação do velho fenômeno metapsiquista ou das modernas conquistas da Parapsicologia e das demais doutrinas que a sucederam.

O Evangelho é diretriz de segurança, embora muitas vezes se diga que o Evangelho tem sido motivo de lutas aguerridas, evocando as horas tristes das Cruzadas, do Santo Ofício, da Santa Inquisição. Convém recordarmos que não se trata da palavra de Jesus, senão da doentia adaptação dos Espíritos infelizes que a esgrimiram em benefício da dominação terrestre, a favor das suas injunções políticas e com os objetivos do gozo no próprio planeta.

O Mestre desdenhou o poder temporal e aceitou a cruz. Esteve acima das conjunturas transitórias e apegou-se ao dever que o trouxe à Terra em nome do Pai celestial.

É indispensável que os espíritas estejamos convencidos, encarnados e desencarnados, de que esse Modelo incomparável que nos serve de guia deve fazer parte das nossas aspirações, do nosso ideal, do nosso dia-a-dia, e por amor ao seu amor, cabe-nos pagar o preço áspero da incompreensão, suportar as tenazes da calúnia, da desmoralização, das acusações indébitas, silenciando, porquanto essa foi a conduta que Ele se impôs e recomendou aos seus discípulos, propondo-nos que, apesar de tudo, nos amássemos uns aos outros.

O emérito Codificador, por sua vez, a seu tempo, experimentou nas carnes da alma as incompreensões, fora e dentro dos arraiais do Movimento Espírita. Teve a coragem de não desanimar; teve o valor moral de não arremeter contra; soube expor a Doutrina com elevação, mas viveu-a cristãmente, santamente, dando-nos o legado incorruptível que devemos preservar, para passar à posteridade.

Consideremos, de uma por todas as vezes, que o título que nos deve honrar — espírita — deve ser preservado com sacrifício, amando, amando sempre e conquistando os corações através das nossas renúncias, em relação ao egoísmo, ao personalismo vazio e às ambições transitórias de destaque.

Nesta hora grave que todos viveis, o Evangelho tem regime de urgência na interpretação luminosa da Doutrina Espírita.

Porfiai, lutadores do Bem, cujas armas são o amor, o perdão, a renúncia e a irrestrita confiança em Deus!

A hora mais grave da sombra, a meia-noite, que significa o apogeu da escuridão, logo abre espaço ao primeiro minuto do amanhecer. Preparai-vos para a madrugada, e avançai com o astro-rei na direção da plenitude.

Muita paz, meus filhos. Que o Senhor nos abençoe e nos guarde, hoje e sempre!

São os votos do servidor humílimo e paternal de sempre.

Mensagem psicofônica recebida pelo médium Divaldo Pereira Franco na Reunião Ordinária do Conselho Federativo Nacional, no dia 8-11-1998, em Brasília-DF. Extraída de *Reformador* de janeiro de 1999, p. 16 e 17.

35 União dos espíritos

Neste momento grave de transformações da sociedade, qual é o nosso contributo? O Senhor já veio ter conosco! Quando nos resolveremos a ir em definitivo para o encontro com o Senhor? Até hoje a sua voz chega-nos de quebrada em quebrada, conclamando-nos ao encontro com a verdade.

...E, calcetas temos sido. Detemo-nos na retaguarda, apoiados a bengalas desculpistas, procurando as soluções da ilusão e da mentira, tentando evadir-nos da responsabilidade.

Com Allan Kardec, não temos alternativa, senão apoiar a razão no amor e deixar que o raciocínio frio se aqueça com o sentimento de amor profundo, para que a sabedoria se nos instale na existência transitória do corpo ou no Espírito eterno.

Meus filhos, Jesus conta conosco tanto quanto temos contado com Ele. Ontem, Ele nos ofereceu o testemunho da sua vida e não nos pede agora o holocausto de sangue nas garras das feras, nas estreitas arenas dos circos romanos. Mas, inevitavelmente, aquele que o encontrou terá que enfrentar as feras íntimas, capitaneadas pelo egoísmo, esse terrível adversário da evolução, e os seus famanazes descendentes, que são os impedimentos ao processo de integração.

As feras já não estarão fora. Deverão ser domadas no mundo íntimo. É provável que não sejamos compreendidos, nem o propósito é este.

Aqueles que receberam na Terra o prêmio, o troféu, o aplauso, já estão condecorados. Mas aqueles que passaram incompreendidos e foram fiéis até o fim, esses encontrarão a plenitude, a felicidade. Este é o passo avançado para que se dê a unificação dos espíritas, depois da união dos espíritos. E a divulgação será mais pelos atos do que pelas palavras.

O mundo está cansado de oradores flamívomos[25] e arrebatados, mas carente de pessoas que vivam a lição que pretendem transmitir. Falamos tanto de amor! Amemos porém aqueles que nos hostilizam; não esperemos que todos estejam de acordo conosco. Compreendamos aqueles que nos não compreendem e nos tornam a marcha mais difícil, todavia mais gloriosa.

Não nos preocupemos, porque o Senhor da seara está vigilante. Ele cuida do grão que cai sobre a pedra e da ave do céu que o vai comer, mas também do grão generoso que o solo ubérrimo recebe e devolve em mil grãos para cada um.

Segui, encorajai-vos, espíritas, amando cada vez mais e alegrando-nos porque ainda estamos nos dias heróicos do testemunho, quando as dificuldades são intestinas, quando as lições mais próximas e dilaceradoras de nossos sentimentos têm o significado mais profundo. Em dias próximos passados,

---

[25] Manifestações ruidosas.

também nós experimentamos acrimônia, acusação, agressão e amor; porque a harmonia do todo é resultado da integração de suas partes.

Conhecemos a difícil estrada da unificação e é por isso que suplicamos ao Senhor, depois de nos haver enviado o vaso escolhido para que pudesse receber as vozes dos céus e legá-las para todas as épocas, nos ensejasse estes dias de heroísmo e abnegação.

Não vos aflijais. Sedes fiéis até o fim. Meio século significa um marco expressivo, mas o Mestre nos espera desde antes que nós fôssemos, e há dois mil anos diretamente vela por nós, mandando-nos seus embaixadores, para que despertemos para a vida.

Filhos da alma: amai, servi, passai adiante. O defensor da nossa honra é Jesus. O servo que se justifica e que se defende perante o mundo certamente não confia no Senhor, que o contratou para a sua seara. Avançai, semeai luz, ponde estrelas na noite. Enxugai o pranto que verte volumoso dos olhos do mundo, cicatrizai feridas e sede, em todo e qualquer instante, o amigo dos que não têm amigos na Terra e o irmão dos desafortunados do caminho.

Em nome dos Espíritos-espíritas, levemos a nossa mensagem de solidariedade e de amor.

Na condição de servidor humílimo e paternal de sempre.

Mensagem psicofônica recebida pelo médium Divaldo Pereira Franco, na Sessão de Encerramento do 1º Congresso Espírita Brasileiro, em 3-10-1999. Extraída de *Reformador* de dezembro de 1999, p. 359.

36 No amanhecer de uma Era Nova

Filhos da alma:

Que Jesus nos abençoe!

Ouvimos o soar dos clarins da Nova Era. A grande noite cederá lugar em breve ao amanhecer. Fiquem na retaguarda as sombras que fomentaram as dissensões, responsáveis pelas amarguras fomentadoras das guerras.

Inaugura-se o período da lídima fraternidade unindo as criaturas humanas sob o cajado de Jesus. Os homens formaram, através da História, conciliábulos, assembléias, concílios, conselhos, agremiações, e poucas vezes encontraram o lugar comum da solidariedade, do amor, respeitando aqueles que participavam da sua grei.

Também nós estamos reunidos neste Conselho, objetivando o ideal superior da construção da sociedade feliz. Qualquer tentativa de edificar uma nova Humanidade sem as bases delineadas no Evangelho de Jesus apresentar-se-á falida nas suas deliberações. Mesmo o *Colégio apostólico*, convocado por Jesus, experimentou a presença de defecções de corações afeiçoados e de amigos devotados.

Judas não traiu o Amigo porque o desejasse, em sã consciência; as suas resistências morais não lhe permitiram perseverar no objetivo. Pedro, embora advertido, não negou o Amigo por prazer; mas as suas forças morais, naquele momento, não se encontravam hígidas para perceber as conseqüências da sua infidelidade. Judas desertou, malogrando lamentavelmente; mas Pedro, reunindo as carnes desconjuntadas e as energias desfalecente, ressurgiu dos escombros de si mesmo e dedicou os anos que lhe restavam à total entrega ao Crucificado vitorioso.

Saulo, assinalado por incompreensível revolta aos postulados do amor, perseguiu o Mestre a quem não conhecia, maltratando, malsinando e assassinando aqueles que o amavam, para render-se logo depois, em entrega total à suave e forte presença do Amigo incomparável. Na psicologia profunda, a atitude de Saulo guardava, no inconsciente, o receio do nascimento de *Paulo*. Ao perseguir Jesus, estava tentando matar o homem que surgiria dos escombros de si mesmo, para levar a mensagem de vida eterna aos povos da sua época e do futuro.

Jesus, meus amigos, é, ainda, o insuperável *modelo e guia da Humanidade*. Qualquer experiência iluminativa sem a conotação da sua mensagem de amor é destituída de significado e encontra-se distante de alcançar o êxito a que se propõe.

Aqueles que ainda hoje recalcitram, procurando cercear nos corações e nas vidas a instalação da mensagem do Mestre incomparável, no inconsciente profundo, estão rendidos a Jesus, porque Ele é o responsável pelo nosso orbe e todos nós, terrícolas, não podemos fugir da causalidade do seu amor, desde a primeira hora, em nome do Pai criador.

Restauremos, portanto, desde agora, o Evangelho na sua missão sublime de iluminar consciências, trabalhar os sentimentos e promover a Era Nova.

O Espiritismo sem Jesus é expressão maravilhosa de fenomenologia e proposta filosófica, sem o eixo moral que o amor, no seu sentido mais profundo, consegue colocar.

Que nos importam as dificuldades e os desafios!? A existência planetária, na sua própria constituição molecular, é um desafio. Saber canalizar as energias para o propósito da plenitude do ser constitui a solução para esse desafio, quando a palavra do Mestre aponta o direcionamento seguro.

Que este Conselho Federativo Nacional, estabelecendo as diretrizes doutrinárias que haurimos na Codificação do Espiritismo, permaneça identificado sempre com Jesus, na incomparável trilogia *Deus, Cristo e Caridade*, desdobrando *o trabalho, a solidariedade e a tolerância*, para que se instale, por definitivo, nas consciências humanas, a legítima fraternidade.

Não nos preocupemos, pois, com os testemunhos. Idealismo sem sacrifício é viagem ao país da fantasia. Abraçar o ideal de vida eterna é, igualmente, deixar-se crucificar na estrada da renúncia e da abnegação. Como servir, simultaneamente, a Mamon, com as suas paixões, o seu divisionismo, os seus impositivos egotistas, e a Deus, aquele que tem sido muito antes de tudo existir?

Eis por que, neste momento grave da sociedade terrestre, aos espíritas cabe a tarefa de testificar o Evangelho de Jesus, qual ocorreu com os cristãos primitivos que, cientificados da imortalidade, optavam pela libertação da indumentária carnal que lhes facultava o gozo e o prazer, em holocausto, para a vivência da consciência livre no país da imortalidade.

Há muitas formas de viver o moderno holocausto. Não faltam os que digam que, na atual conjuntura da Ciência e da tecnologia, é muito difícil ser cristão. Afirmá-lo, é negar Jesus, o seu exemplo, a sua fidelidade a Deus e ao ministério que o trouxe à Terra.

Aqueles que o amavam e seguiam, fizeram o mesmo e mudaram a história do Império Romano e, por extensão, do Ocidente, e lentamente, de quase todo o planeta. Este é o nosso desafio no amanhecer da Era Nova.

Que nos despeçamos deste milênio de glórias da inteligência e de misérias do sentimento, de grandezas da Ciência e da tecnologia e da falência do amor, assinalados pela convicção de que, convidados à última hora, nós participaremos do amanhecer do mundo novo com Jesus, por Jesus e para Jesus.

Abençoe-nos, portanto, o Amigo incomparável que jamais nos abandona, mesmo quando nós o esquecemos por momentos e trilhamos tormentosos caminhos.

Que Ele nos abençoe, meus filhos, abençoando este Conselho Federativo Nacional, abençoando-vos a todos vós e oferecendo-vos vitalidade para prosseguir, intimoratos e intemeratamente, até o fim.

Muita paz!

São os votos do servidor humílimo e paternal de sempre,

BEZERRA

MENSAGEM PSICOFÔNICA RECEBIDA PELO MÉDIUM DIVALDO PEREIRA FRANCO, NO DIA 14 DE NOVEMBRO DE 1999, EM BRASÍLIA-DF, NA REUNIÃO ORDINÁRIA DO CONSELHO FEDERATIVO NACIONAL DA FEDERAÇÃO ESPÍRITA BRASILEIRA.

37 Na transição do milênio

Meus filhos:

Que Jesus nos abençoe!

Encontramo-nos quase no encerramento do segundo milênio da era cristã debatendo os problemas que dizem respeito ao Cristianismo restaurado pela Doutrina Espírita.

Logo mais, iniciando-se o novo ciclo de desenvolvimento intelecto-moral para a Humanidade, as propostas de atividades programadas deverão encontrar o solo fértil dos corações, para que se desenvolvam, instaurando na Terra o Reino de Deus.

Não têm sido fáceis os desafios que repontam de todo lado, convidando-nos a reflexões. Multiplicam-se a agressividade e a violência nos arraiais terrestres, conclamando o ser humano da tecnologia de ponta a uma releitura dos valores ético-morais.

Em realidade, não podemos anotar falência das instituições nem da civilização. Sucede que o progresso multiplica-se por si mesmo, estruturado nas bases das realizações anteriores com perspectivas de nova implantação nos horizontes do futuro.

Cabe-nos, a nós, os cristãos espíritas, a tarefa impostergável de apresentar o pensamento de Jesus desvestido dos atavios e das complexidades mundanas com que foi envolvido através da história, empanando-lhe o brilho e diminuindo-lhe o significado.

A Allan Kardec — o discípulo de escol — coube a tarefa de reformular as bases da proposta cristã, colocando, em cada uma delas, as instruções hábeis para revitalizá-las, a fim de que suportassem os camartelos do materialismo, do cinismo, da promiscuidade e da alucinação que, então, varrem a Terra dos escombros da velha ortodoxia religiosa do passado.

Ressuma a mensagem cristalina e pura do incomparável Mestre, convidando-nos à implantação do seu Reino no país dos nossos corações. No entanto, quantas dificuldades apresentam-se pelos caminhos dos lídimos trabalhadores! Quantas ciladas bem urdidas aparecem ameaçando a marcha de segurança dos novos servidores! Quantas incompreensões intestinas, parecendo conturbar a interpretação da magna mensagem!

Recordamo-nos que, desde os primórdios da proposta cristã libertadora, os companheiros afeiçoados de Jesus optaram pelas opiniões pessoais em detrimento do ensinamento geral. Mais de uma vez, o personalismo perturbador esteve ameaçando a unidade dos cristãos primitivos.

Em Antioquia, oportunamente, os companheiros dedicados a Jesus dialogavam exaltados entre os desejos de preservar a palavra do Mestre libertador vinculada ao estreito cárcere do Judaísmo, enquanto outros, capitaneados pelo apóstolo Paulo, preconizavam a liberdade total, para que o

Evangelho chegasse a todas as gentes, do Oriente ao Ocidente, do Setentrião ao Meio-Dia, abarcando os povos gentios. Nesse difícil estado de coisas, Simão Pedro foi convocado a opinar, convidado a sair da igreja de Jerusalém para dar o seu testemunho de discípulo fiel, não obstante a defecção pelas suas negativas. E ali, no Conselho de homens e de mulheres nobres, estabeleceu-se que o tema requeria reflexões mais cuidadosas, resolvendo-se que, em Jerusalém, a questão seria definida, oportunamente.

Jesus desejava, então, que os companheiros amadurecessem, diminuindo os impulsos da personalidade dominadora, e, mais tarde, no santuário da Casa do Caminho, onde a dor era minimizada e as chagas morais e físicas eram balsamizadas, teve lugar o momento do encontro para dirimir dúvidas e traçar linhas de segurança para o futuro. Paulo e os seus amigos, queridos e fiéis, foram convocados, e, saindo de Antioquia, começaram a viagem que deveria assinalar a era nova para a doutrina nascente. Chegando ao destino, no cenáculo, ante às intransigências de Tiago e a generosidade de Simão Pedro, o Apóstolo dos Gentios que estava acostumado às lutas farisaicas e às dificuldades das viagens intérminas, exaustivas, apelou para Simão que, pálido, entreteceu considerações recordando Jesus — o paradigma a ser imitado em todas as situações.

Referiu-se às suas próprias dificuldades e apresentou a solução de paz, de fraternidade, abrindo as portas do Cristianismo a todas as gentes. Essa postura, gentil e fraterna, inspirada por Jesus, impediu que aqueles corações se apartassem, gerando a primeira divisão entre os servidores da Causa.

Dois mil anos depois, freqüentemente ressurgem questões palpitantes e graves que ameaçam a estrutura do programa espírita de implantação na Terra, tornando-se necessário que a inspiração do Mestre verta do Alto asserenando os ânimos exaltados, estabelecendo a linha básica da verdadeira fraternidade.

Não nos esqueçamos de que devemos preservar os valores da Doutrina Espírita acima de quaisquer interesses mundanos de proselitismo, de arrastamento, conforme os herdamos de Allan Kardec e dos mensageiros que o conduziram na elaboração da Codificação, a herança que deve permanecer inviolável através dos milênios.

Tenhamos em mente que o Espiritismo cristão, meus amigos, é a resposta dos Céus às angústias da Terra. Respeita-mos todos os guias que vieram à Terra iluminar a Humanidade, sejam quais forem as doutrinas que nos legaram. Todas elas trazem como fundamentos: Deus, a imortalidade, a Divina Justiça, o amor, porquanto nobres guias espirituais que eram.

No entanto, com a maior consideração de nossa parte, acima de todos eles paira Jesus — o guia e modelo que Deus nos ofereceu para constituir-nos o exemplo máximo — o modelo que jamais titubeou ou apresentou sinuosidade na rota, enquanto preconizando o Reino dos Céus na Terra. Não se curvou ante os poderosos do mundo, não desdenhou os esquecidos do mundo. Com ninguém foi conivente, deixando os objetivos essenciais em plano secundário para servir aos interesses transitórios e equivocados da organização terrestre.

Modelo e guia, Jesus prossegue para nós como o Sol radioso que nos aquece a alma e que permanece brilhando, embora a sombra densa momentaneamente esteja nas paisagens terrestres. Por isso, o Espiritismo cristão é aquele que poderá levar a mensagem da revelação divina a todos os povos e a todas as crenças, sem perder as suas características e sem fragmentar-se para atender a imposições nacionais ou a diretrizes de guias localizados.

Reunindo-nos nesta oportunidade pela última vez neste milênio, guardemos a certeza de que amanhã a Humanidade respirará um clima feliz de paz — mesmo que não imediatamente —, de alegria e plenitude, porque Jesus comanda a barca terrestre, conduzindo aqueles que nela se encontram à misericórdia do Pai amoroso.

Ide, companheiros da fé renovada, tornando-vos exemplos da mensagem espírita, vivendo-a no dia-a-dia das vossas existências e demonstrando que a nossa não é uma fé-artifício, nem um mecanismo escapista para fugirmos do mundo e das suas responsabilidades.

Porfiai! As lutas recrudescerão, as dificuldades, conforme esperadas, estarão diante de vós, mas lembrai-vos de Jesus, que venceu o mundo e as suas paixões.

Nós outros, os Espíritos-espíritas que aqui estamos neste momento, exaltamos o Senhor da vida e cantamos glória a Jesus pelo transcurso dos cinqüenta e um anos de unificação espírita, por este mais de meio século de atividades doutrinárias, de realizações unificadas, para que o pensamento do Mestre se perpetue na Terra como a base das futuras culturas e civilizações.

Aristides Spínola, Leopoldo Cirne, Wantuil de Freitas, Armando de Oliveira, Francisco Thiesen, capitaneados pelo nobre Espírito Bittencourt Sampaio e outros cooperadores do Movimento Espírita nacional e internacional aqui conosco, encerram este encontro do segundo milênio, envolvendo-vos a todos em paz e coragem para a luta, em humildade, em resignação dinâmica, para que a Doutrina triunfe acima das nossas pequenezes.

Exorando ao modelo e guia da Humanidade suas bênçãos, sou o servidor humílimo e paternal de sempre,

BEZERRA

MENSAGEM PSICOFÔNICA RECEBIDA PELO MÉDIUM DIVALDO PEREIRA FRANCO, NO ENCERRAMENTO DA REUNIÃO DO CONSELHO FEDERATIVO NACIONAL, NO DIA 12 DE NOVEMBRO DE 2000.

38

Fidelidade a Jesus e a Kardec

Estes são dias semelhantes àqueles, quando esteve na Terra, desenvolvendo o seu ministério, o afável Mestre Galileu.

Roma assenhoreava-se do mundo e a águia dominadora sobrevoava o cadáver das nações vencidas, nutrindo-se das suas vísceras em decomposição. Vem Jesus e instaura o poder do amor, superando as contingências transitórias do poder da força. A sua mensagem penetra o sentimento humano e arrebanha milhões de vidas, que se oferecem em holocausto, desde Nero a Diocleciano, durante as dez mais perversas perseguições, demonstrando que o amor supera todas as outras expressões de governança do mundo.

A partir de Constantino, com a oficialização do pensamento cristão junto ao poder temporal que, mais tarde, seria transformada em doutrina do Estado, a mensagem de Jesus empalidece, perdendo o seu brilho e significado para entorpecer-se numa trágica organização político-econômica, que distenderá o caos e o infortúnio sobre a Terra por vários séculos.

A partir do Concílio de Clermont, em 1095, o papa Urbano II, intoxicado pela volúpia do poder, pretende a governança do Oriente e proclama a Cruzada Popular, logo depois esmagada em um rio de sangue.

De imediato, tocados no seu orgulho e espicaçados pelo ódio, os turcos conquistam Jerusalém em 1096, provocando na Europa a reação que se alargará por 177 anos, através das oito Cruzadas que disseminarão o ódio, o horror, deixando seqüelas que chegaram aos nossos dias, em vitórias e prejuízos para a defesa da sepultura vazia de Jesus.

Deverão essas Cruzadas encerrar-se com a conquista de Antioquia em 1270, provocando a reação da Europa que manda a sua última Expedição, sob o comando de São Luís, rei de França, que logo depois desencarna no campo de batalha, fazendo com que os exércitos franceses retornem esgotados, abrindo espaço para que o príncipe Eduardo, da Inglaterra, em 1272, firme o término da intolerância de ambos os lados, estabelecendo um armistício.

A *noite medieval* abre novos fronts de lutas cruéis e injustificáveis em nome do Pastor da docilidade, da energia e do amor, através dos seus tribunais que matam mais do que as guerras anteriormente travadas entre persas e gregos. Até que veio o momento da abnegação com Jan Huss, Jerônimo de Praga, Martinho Lutero, e uma nova era se instaura na Terra, em tentativas continuadas de trazer Jesus definitivamente ao coração humano...

E o protestantismo, logo depois, experimenta lutas intestinas, a partir de João Calvino, desintegrando-se e deixando a criatura humana sem segurança para rumar ao Reino dos Céus.

A Ciência empírica ensaia os seus passos, as Leis da Natureza começam a ser penetradas e, logo depois, o pensamento filosófico irrompe triunfante, deixando-se perturbar pela sede de sangue dos abomináveis *dias do Terror* na França, amante dos ideais da Liberdade, da Igualdade, da Fraternidade, sendo coagidos por esses tormentosos dias com a chegada do Corso que propõe uma nova era e traz Deus de volta à cultura francesa, mediante uma concordata firmada com o Vaticano em 1802.

Fascinado pelo poder temporal, Napoleão Bonaparte começa a conquistar a Europa no desequilíbrio de erguer novos Estados, quando se reencarna Allan Kardec, com a missão de restaurar, na sua plenitude, o Evangelho de Jesus e trazer a mensagem pulcra conforme pregada em vida pelo incomparável Rabi e pelos seus primeiros apóstolos.

Paris é cidade luz, intelectual, e será aí que o sol do Espiritismo irá brilhar, restaurando a ética moral do Evangelho e suportando os camartelos da Ciência autodenominada materialista, da Filosofia cínica e pessimista, conseguindo superá-los e abrindo espaço para que o amor pudesse vicejar no coração das criaturas humanas.

O século vinte, porém, pertencerá à Ciência e à tecnologia. Nele, o Espiritismo poderá oferecer os instrumentos hábeis para confirmar a sobrevivência do Espírito à disjunção molecular da carne, para oferecer uma filosofia otimista capaz de tornar feliz a criatura humana, centrada na lei de causa e efeito e, ao mesmo tempo, abrir o Evangelho para cantar a sinfonia incomum das bem-aventuranças, ensejando, aos excluídos, a luz mirífica do amor e a oportunidade da dignificação.

Mas o planeta terrestre é de provas e de expiações porque aqueles que à sua volta se encontram ou que nele estão reencarnados, ainda somos Espíritos inferiores inevitavelmente conduzidos pela lei do progresso e rumamos na direção da plenitude, erguendo a nossa Terra-Mãe à condição de mundo de regeneração. E quando as expectativas se apresentam próprias para que se opere a grande transformação ocorre a chegada de um novo caos, o que não nos constitui surpresa, fazendo desmoronar alguns pilares do materialismo e mostrando a fragilidade das construções temporais sem o selo da divindade.

A grande crise que se abate sobre a Terra de hoje é a mesma crise que dominava a mentalidade daqueles dias quando Jesus cantou a Boa Nova. É crise de valores morais que somente podem ser modificados quando o Evangelho aquecer os sentimentos e orientar o pensamento das criaturas humanas. Graças ao Espiritismo que é o retorno de Jesus, desenha-se uma Era Nova que se levantará dos escombros dessa geração cúpida e ambiciosa, para fazer reinar na Terra a verdadeira Fraternidade...

Nestes dias discutistes em torno dos mecanismos que podem ser aplicados em favor da coletividade sofrida; elaborastes projetos de programas de ação que possam sensibilizar as autoridades que governam o nosso país, estivestes preocupados com a marcha do Movimento Espírita nas terras do Cruzeiro do Sul; delineastes técnicas e atividades para a ação correta em favor dos dias porvindouros.

Não nos esqueçamos, porém, desse trabalho extraordinário junto à criatura humana, em si mesma. Pensemos no ser coletivo que é a sociedade, mas não olvidemos os pequenos gestos de amor, de beneficência, de perdão, de caridade para com aqueles que vivem conosco na intimidade do nosso lar, aqueles com quem nos relacionamos no trabalho que dá dignidade, no grupo social, onde todos cá e aí estejamos situados para evoluir.

Que nos vossos trabalhos respeitáveis e laborados com empenho e abnegação o ser humano em si tenha regime de urgência; que nos voltemos todos para a criatura humana, insegura, aturdida, que segue sem qualquer segurança e sem o norte para onde encaminhar-se.

Meus filhos, necessitamos voltar a Jesus, não nos esqueçamos, em momento algum, de que a adesão à proposta espírita é compromisso de auto-iluminação. Não estranhemos as provas, não relacionemos as dificuldades, não reclamemos a chuva de calhaus ou os espículos do solo que nos ferem os pés.

Sem qualquer masoquismo, aquele que elege Jesus compreende que é no sacrifício, filho dileto do amor, que encontrará a sua plenitude. Não temos outro roteiro a seguir senão aquele que foi percorrido pelo incomparável Benfeitor de todos nós.

Uni-vos cada vez mais. Que as vossas discussões permaneçam no campo ideológico, respeitando-vos uns aos outros mesmo quando litigantes, e aceitando o resultado da opinião majoritária.

Fidelidade a Jesus e a Allan Kardec é a proposta de sempre nestes 144 anos de divulgação da abençoada Doutrina Espírita. Fiéis aos postulados da Codificação, demos direito aos outros de se movimentarem nos níveis de consciência em que se encontram sem nos perturbarmos com qualquer expressão aguerrida de combate ou de destruição.

O Senhor não deseja a morte do pecador mas o desaparecimento do pecado. Vós — como nós outros — que amais a Jesus, esculpi-o em vosso Espírito, avançando com segurança para os dias de amanhã e aprendendo com as experiências do cotidiano e a não repetir equívocos e, quando esses ocorram, a vos levantardes seguindo confiantes porque se o hoje é o nosso dia, amanhã é o momento da nossa paz.

Na grande crise moral que se apresenta com as terríveis conseqüências da hecatombe momentânea e de outras que por certo virão, sede vós aqueles que permanecereis em paz, amando a todos, a todos ajudando e tornando-vos, hoje melhor do que ontem, amanhã melhor do que hoje, em luta contínua contra as más inclinações.

Os companheiros Espíritos-espíritas que mourejaram nesta Casa e outros que vos acompanharam de vossas cidades aqui estão conosco repetindo como nos dias gloriosos do martirológio:

— Ave Cristo! Aqueles que aqui desejamos servir-te oferecemos as nossas vidas e o nosso amor.

Muita paz meus filhos, que o Senhor nos prodigalize bênçãos, são os votos do servidor humílimo e paternal, de sempre,

BEZERRA

Muita Paz!

MENSAGEM PSICOFÔNICA RECEBIDA PELO MÉDIUM DIVALDO PEREIRA FRANCO, NO ENCERRAMENTO DA REUNIÃO ORDINÁRIA DO CONSELHO FEDERATIVO NACIONAL, NA SEDE DA FEDERAÇÃO ESPÍRITA BRASILEIRA, NO DIA 11 DE NOVEMBRO DE 2001, EM BRASÍLIA-DF.

39 Arai e semeai

Meus Filhos,

Que Jesus nos abençoe!

Antes que o Senhor ascendesse, estávamos reunidos com aqueles que leriam nas palavras de João, o futuro evangelista, a mensagem de libertação e de eternidade.

Naquele entardecer, rico de perfumes e de bênçãos, o Mestre inolvidável aparece e, distendendo os braços para afagar, aproxima aqueles quinhentos da Galiléia, no seu afável e dúlcido coração e diz-lhes:

— Ide, como as ovelhas mansas no meio de lobos rapaces. Ide e pregai, pois que vos dou o poder de libertar as criaturas dos sofrimentos... Eu vos dou a força para pisar a serpente do mal, sem que ela vos possa picar. Eu vos ofereço o meu coração, para que o apresenteis ao mundo. Não temais a ninguém, especialmente aqueles que somente vencem o corpo e não vos podem atingir a alma.

...E quando ascendeu em uma nuvem luminosa, aqueles que ali estavam, homens e mulheres, criancinhas e venerandos anciãos, saíram para levar a sua mensagem de liberdade aos quatro pontos do mundo.

Ide, também vós outros, novos quinhentos da Galiléia, que renasceis da memória dos tempos, depois de naufrágios dolorosos e de prejuízos incalculáveis para a economia das vossas almas. Ide, e semeai a Era do amor. Não vos perturbeis com o mundo, com as suas facécias, nem temais as suas tenazes vigorosas e ameaçadoras. Aquele amoroso e meigo Rabi prossegue convosco e conosco, conduzindo-nos ao porto de segurança para onde rumam.

É verdade que o corpo físico é um desafio, a própria luta ante os recentes progressos constitui um desafio impostergável.

Cantai, exultantes de alegria, porque fostes chamados e estais sendo selecionados para os misteres mais delicados e graves da construção do Reino de Deus. Se, por acaso, aninhar-se a dor em vossos sentimentos, bendizei-a. E nesse colóquio entre a alma que chora e a dor que deve estar cravada, dizei: bendita sejas, por te apresentares como espinho nas carnes da minha alma, impedindo-lhe tropeços mais dolorosos e mais perturbadores. Se a incompreensão testar as vossas resistências, eis que soa a oportunidade da tolerância e o momento da paciência, a fim de ser conquistado o contendor. E, em qualquer circunstância, amai.

O amor é a força ciclópica que modela o Universo, exteriorizado pelo Pai criador. Com os sentimentos de amor, de bondade, guiados pela lógica de bronze da Doutrina Espírita, podereis dirigir os passos no rumo do Bem, com segurança, quando tudo aparentemente estiver contra vós.

Não temos outra alternativa, nem conhecemos outra diretriz que não sejam aquelas que estão expressas na palavra do Senhor: "Fazei todo o bem que vos esteja ao alcance. Amai aos vossos inimigos, aos vossos perseguidores, servindo sempre", porque as mãos que obram nas trilhas da imortalidade estão colocando os alicerces da Era do amor universal em nosso planeta, que está transitando para mundo de regeneração. Nunca estareis a sós. Vossos guias, protetores e os anjos tutelares da lide espírita, em nome do Espírito de Verdade, estarão sempre convosco.

Ide, filhos da alma, em paz, em retorno ao vosso campo de trabalho e arai, semeai, vigiai as plântulas, defendei-as até que possam, como árvores frondosas e frutíferas, albergar a sociedade cansada, desiludida e necessitada de paz, de pão e de amor.

Que o Senhor de bênçãos vos abençoe, meus filhos.

São os votos do servidor humílimo e paternal de sempre,

Bezerra

Mensagem do Espírito Dr. Bezerra de Menezes quando do encerramento da 8ª Reunião Ordinária do Conselho Espírita Internacional, no dia 13 de fevereiro de 2002, na sede da Federação Espírita Brasileira, pela psicofonia de Divaldo Pereira Franco. Extraída de Reformador de abril de 2002.

40 Compromisso com a fé espírita

Meus filhos,

Que Jesus nos abençoe!

Vivemos nos dias tormentosos anunciados pelas Escrituras. Experimentamos as glórias da Ciência e da tecnologia, do pensamento e da arte. No entanto, caminhamos pela senda de espinhos que assinalam sofrimentos, reduzindo a criatura humana à violência, ao despautério, à loucura.

Sem dúvida, as conquistas que anotamos em todo lugar, não lograram tornar a criatura humana interior mais feliz nem mais tranqüila, salvas algumas exceções. São os instantes em que os cristãos novos estamos convocados a profundas reflexões.

De todo lado, a angústia espreita, a perversidade agride e o desalinho conduz as massas. Homens e mulheres, sitiados no castelo do eu, desvairam, porque perderam contato com o amor.

O amor é a resposta da Vida para o momento truanesco que atravessamos. Vivenciá-lo na grandiosidade do pensamento cristão é um convite que a imortalidade nos faz através das *vozes do Céu*, restaurando o pensamento de Jesus, que tem permanecido vestido de dogmas, de cerimônias e de fantasias.

Torna-se indispensável romper de maneira positiva com o ergástulo no qual ainda nos encontramos vitimados. Jesus é o libertador, e a sua mensagem, quando aceita pela mente, será vivida pelo sentimento livre de toda e qualquer manifestação dogmatista e de delinqüência. Projetá-la de maneira consciente, para que a Ciência a exteriorize através do pensamento são, da palavra lúcida e das ações enobrecidas, é dever que não nos cabe postergar.

Nesses conflitos, que nos desafiam a capacidade de discernimento e nos provocam tomadas de decisões, às vezes, apressadas, há convites para desvio da finalidade que abraçamos, do compromisso que temos para com a Doutrina dos Espíritos.

Se é verdade que o espiritista não se pode marginalizar em torno dos acontecimentos que sacodem a sociedade, o planeta, não menos verdade é que, comprometido com o ideal espírita, possui, nos conteúdos doutrinários, os instrumentos hábeis para mudar a situação que vivemos, por intermédio da educação das gerações novas, da auto-educação, mediante a transformação moral que se deve impor e também dos esclarecimentos que, libertando a criatura humana das suas paixões primitivas, tornam-na capaz de mudar as estruturas perturbadoras da sociedade.

É necessário que tenhamos muito cuidado para não nos desviarmos dos objetivos essenciais da Doutrina, que se coloca acima das questões inquietadoras deste momento. Viver espiriticamente é trabalhar sem desfalecimento pela construção de uma era nova sim, que deve começar no próprio indivíduo, na sua transformação interior. Adversários de ontem que ressumam em forma de atavismos cruéis e as ações de hoje que nos convocam ao prazer com o desalinho do nosso comportamento constituem perigos muito graves. Aprendemos com Jesus, que muitas vezes é necessário perder em determinado momento para poder estar em paz a partir daí e de triunfar na glória desenhada pela verdade. A nossa preocupação de mudar o mundo não pode abandonar o compromisso da nossa mudança interior. O nosso compromisso com a fé espírita é de urgência e todos os esforços devem ser envidados para conseguirmos esta meta.

Não nos enganemos, evitando enganarmos aos outros. Jesus é o nosso líder insuperável e Allan Kardec tem-lhe sido discípulo de escol, que nos pôde trazer a sua palavra vestida de luz para clarear os caminhos do futuro. Outros apóstolos que lhes foram fiéis desincumbiram-se a contento do ministério abraçado porque não negacearam, não negligenciaram com o dever, não se permitiram abraçar as propostas fascinantes que se constituem desvios dos objetivos essenciais, a fim de receber o aplauso do mundo e permanecer no pódio das considerações terrestres.

Nunca nos esqueçamos que o Mestre recebeu como tributo de gratidão da massa beneficiada a cruz de ignomínia que transformou em asas de luz.

Não fazemos apologia do masoquismo perturbador nem estabelecemos como fundamental o sofrimento, nada obstante, nele reconheçamos o melhor amigo do Espírito em processo de autoburilamento.

Sucede que a nossa proposta, pelas suas características de transformar a Terra, fere interesses individuais e coletivos, agride sistemas e organizações ultramontanos que têm permanecido na condição de dirigentes dos povos. E é natural que as reações individuais e coletivas se façam de imediato, assustando-nos ou intimidando-nos.

Não temamos nunca aqueles que nada nos podem fazer ao Espírito, embora momentaneamente cerceem-nos os passos e gerem dificuldades para a execução dos nossos programas iluminativos. Evitemos compactuar com as suas propostas muito bem estabelecidas na forma, guardando a animosidade contra os objetivos que abraçamos.

O apoio de personalidades proeminentes e de organizações poderosas agrada-nos muito, mas não esqueçamos que o nosso trabalho-desafio é de demolir aquilo que se encontra ultrapassado, destruir as idéias esclerosadas, substituindo-as pelas novas que vieram do mais Além e receberam a contribuição lúcida de homens e mulheres que se reencarnaram sob a égide do Espírito de Verdade para que o Paracleto pudesse expandir a palavra de Jesus de pólo a pólo.

Em nossas reuniões verdadeiramente cristãs, nas quais podemos expender as nossas idéias, apresentar os nossos pensamentos, discordar, mas não derrapar nas discrepâncias que nos afastem uns dos outros, gerando animosidades, mantenhamos o nosso objetivo que é servir a Jesus, sem outro e qualquer interesse.

Trabalhemos, então, unificados, amando-nos cada vez mais, para lograrmos alcançar o momento de plenitude com que o Amigo Incomparável de todos nós nos acena desde agora. Permanecei fiéis, obreiros da última hora, que está assinalada pelas glórias e conquistas, pelas dores e hecatombes, construindo o Reino de Deus na grande transição que aguarda o Mundo de Regeneração.

Muita paz, meus filhos.

Que o Senhor nos abençoe, são os votos do companheiro amigo e paternal de sempre,

Bezerra

Mensagem psicofônica recebida pelo médium Divaldo Pereira Franco, no encerramento da Reunião do Conselho Federativo Nacional, na sede da FEB, em Brasília-DF, no dia 10 de novembro de 2002.

41

Brilhe a vossa luz

Meus filhos:

Permaneça Jesus sendo o nosso zênite e o nosso nadir. Dealba dia novo! Não obstante, sombras teimosas permanecem dificultando a claridade solar; as perspectivas de luminosidade plena ainda não se puderam tornar realidade total.

Na grande transição, há predominância do instinto humano sobre a razão, que abre espaço lentamente para a intuição. O homem e a mulher ancestrais com dificuldade vêm abandonando os arcabouços nos quais se aprisionavam para, encorajados, avançar com decisão no rumo da grande luz.

Neste momento, contabilizamos glórias da Ciência, da tecnologia, do pensamento, da arte, da beleza, mas não podemos ignorar as devastadoras estatísticas da perversidade que se deriva dos transtornos comportamentais, da sexolatria que resulta da alucinação do ser humano na busca do intérmino gozo sensual, da violência que é um remanescer dos atavismos, ganhando campo nas imensas planícies da perturbação que grassa na Terra, combatidas tenazmente a ética, a moral, as instituições dignificadoras como o matrimônio, a família, o respeito que se deve manter umas pelas outras pessoas.

Sentimos que as criaturas humanas ainda não encontraram o ponto de realização plenificadora. Isto porque Jesus tem sido motivo de excogitações imediatistas no campeonato das projeções pessoais, na religião, na política e nos interesses mesquinhos.

Graças às claridades incomparáveis do Espiritismo, nosso modelo e guia assume o verdadeiro lugar que o Pai lhe concedeu na história do planeta terrestre. Ao Espiritismo, pois, tem cabido a tarefa de colocar Jesus no centro das aspirações humanas, em considerando a Lei de Amor de que Ele se fez especial modelo para viger entre todas as criaturas.

Madrugada é esta de desafios!... As incompreensões e as lutas fazem-se amiudadas. A resistência dos ideais de enobrecimento, porém, deve suportar a ardência dos combates férreos direcionados contra os objetivos em pauta.

Medem-se a força e a grandeza de um ideal pelas resistências que oferece, superando as batalhas que lhe são direcionadas. É necessário preservar o Espiritismo conforme o herdamos do eminente Codificador, matendo-lhe a claridade dos postulados, a limpidez dos seus conteúdos, não permitindo que se lhe instale adenda perniciosa, que somente irá confundir os incautos e os menos conhecedores das suas diretrizes.

Não se trata aqui de estabelecer um grupo de conservadores ante o avanço de modernistas. O Espiritismo jamais se candidatará a divisionismos nas suas fileiras. É uma Doutrina séria porque tem a ver com o ser imortal. Não pode converter-se num clube de divertimentos em nome da alegria, do espairecimento e das necessidades de entretenimentos.

A Boa Nova ou notícias de alegria, produz júbilo interno e não algazarra exterior. Por isso mesmo, no renascimento do Evangelho, ínsito na Codificação, não é lícito que nos transformemos em pessoas insensatas no trato com as questões espirituais. Preservar, portanto, a pulcritude e a seriedade da Doutrina no Movimento Espírita é dever que nos compete a todos e particularmente ao Conselho Federativo Nacional através das entidades federadas.

Jamais o Espiritismo servirá para os prazeres egóicos, as conversações chulas e o preenchimento dos espaços vazios entre mentes ociosas de pessoas frívolas. Por isso mesmo, a mediunidade deve ser exercida *santamente*, *cristãmente*, com responsabilidade e critérios de elevação para não se transformar em instrumento de perturbação e desídia.

Vós sois a luz do mundo! — propõe o Evangelho, porquanto a Grande Luz é o Mestre, que deveremos insculpir no mundo íntimo, para que brilhe através de nós. Não revidar ofensas, manter a consciência do dever acima de quaisquer conjunturas, perseverar quando outros abandonam ou são vítimas de defecções, porfiar no bem comum e viver a caridade sob todos os aspectos possíveis, dominados pelo amor que deflui do incomparável Amigo e Benfeitor, são as diretrizes de ontem como de hoje.

Mantende o espírito de paz, preservando os objetivos abraçados e, caso seja necessário selar vosso compromisso com testemunho, não titubeeis. Cristo ou Mamom? É fácil eleger aquele que deu a sua pela nossa vida, ensinando-nos mansuetude, retidão e paz.

Meus filhos, é necessário que os atos confirmem as palavras e que o Espírito do Cristo, habitando em nós, seja a nossa resposta aos desafios do momento, trabalhando em favor do meio-dia da madrugada que começa. Muita paz! Que o Senhor nos abençoe!

São os votos do servidor humílimo e paternal de sempre,

BEZERRA

MENSAGEM PSICOFÔNICA RECEBIDA PELO MÉDIUM DIVALDO PEREIRA FRANCO, EM 9 DE NOVEMBRO DE 2003, NO ENCERRAMENTO DA REUNIÃO DO CONSELHO FEDERATIVO NACIONAL, NA SEDE DA FEDERAÇÃO. PUBLICADA EM *REFORMADOR*/DEZEMBRO 2003.

42 *Jesus, sol de primeira grandeza*

Tu és o nosso sol!

Vem ter conosco, Jesus, pois que, se contigo debatemo-nos na aflição e jornadeamos na ignorância, sem ti mergulharemos no caos. Aquece-nos, Senhor, para sermos dignos do teu inefável amor.

Espíritas do mundo, aqui reunidos: tende como templo o Universo, como nos disse Léon Denis, o apóstolo do Espiritismo francês, mas conduzi Jesus em vossos corações, em vossas palavras, em vossos atos.

Semeai a claridade inapagável da Doutrina Espírita onde fordes. Deixai que ela brilhe por vosso intermédio. Sois, agora, mensageiros da Luz do mundo.

Fazei que a Doutrina de liberdade que vibra, que pulsa em vós, encontre outros continentes de almas para conquistar.

Não arroleis dificuldades, não anoteis desafios, não aponteis fracassos. A experiência resulta das tentativas de acerto e de erro. Em qualquer situação, amai. Diante de qualquer desafio, perseverai no Bem.

Caluniados, jamais caluniadores. Agredidos, nunca agressores. Perseguidos, não perseguidores.

O Mestre espera por vós e o missionário Allan Kardec, a quem homenageamos, nesse momento, vos inspira e vos guia em nome de Jesus.

Sede fiéis até o fim e ide em paz. Que o Senhor de Bênçãos vos abençoe, a todos nos abençoe!

Em nome dos Espíritos-espíritas aqui presentes, de várias pátrias, abraça o coração de todos vós o servidor humílimo e paternal,

BEZERRA

MENSAGEM PSICOFÔNICA RECEBIDA PELO MÉDIUM DIVALDO PEREIRA FRANCO NO DIA 5 DE OUTUBRO DE 2004, EM PARIS, FRANÇA, POR OCASIÃO DA SOLENIDADE DE ENCERRAMENTO DO 4º CONGRESSO ESPÍRITA MUNDIAL.

43 Convite à luta

O Mestre não nos propôs a felicidade na Terra, mas asseverou-nos que aquele que fosse fiel até o fim, este ganharia a palma da vitória. Bem sabemos que não é fácil, nestes desafiadores dias de ciência, de tecnologia e de comodidade, ser espírita.

Mas lembrai-vos: ser espírita é a honra que deveis disputar, porque o Espiritismo, com o qual tendes uma dívida assumida antes do berço, é o único farol, nesta noite escura, para guiar os nautas da era nova. Sois os preparadores dos novos tempos. Empenhai-vos mais, renunciai mais aos ideais personalistas em favor da glória estelar. Jesus espera por vós.

Tendes-lhe suplicado apoio e não vos tem sido regateado socorro. Bem sabemos das vossas lágrimas ocultas, das vossas dores silenciosas, dos vossos esforços que ninguém anota, mas não há outro caminho.

Filhos da alma, recordai-vos que a *via crucis* é sempre solitária, como a estrada da Úmbria, percorrida por Francisco, também foi solitária. Mas depois da noite densa nova madrugada surge, prenhe de luz, e o Mestre a quem amamos, braços distendidos, dir-vos-á: "Vinde, servidores do meu Pai, que fostes fiéis até o último instante, e agora fazeis parte da equipe dos que estão na Terra, trabalhando em prol da felicidade humana".

Exultareis como nós outros, agradecereis a coroa de espinhos, a taça de fel que sorvereis com alegria e prazer, porque não há glória sem luta e não há vitória no ideal sem testemunho.

Servidores da Boa Nova, Deus vos abençoe! Filhos da alma, marchai! O amanhã, que hoje começa, espera por vós. Recebei o carinho de todos nós, os espíritas-Espíritos e os Espíritos-espíritas, na palavra do servidor humílimo e paternal de sempre.

Muita paz, meus filhos.

BEZERRA

MENSAGEM PSICOFÔNICA RECEBIDA PELO MÉDIUM DIVALDO PEREIRA FRANCO NA REUNIÃO DO CONSELHO ESPÍRITA INTERNACIONAL, NO DIA 7 DE OUTUBRO DE 2004, EM PARIS, FRANÇA.

44 Prosseguimento na luta

Filhos da alma:

Que o Senhor nos abençoe!

A criatura terrestre destes dias, guindada pela Ciência e pela tecnologia a patamares elevados do conhecimento, ainda estorcega nas aflições do seu processo evolutivo.

As conquistas relevantes logradas até este momento não conseguiram equacionar o problema da criatura em si mesma. Avolumam-se os conflitos entre as nações apesar do esforço de abnegados missionários na área da política e da diplomacia internacionais. Cresce o conflito entre os grupos sociais, nada obstante o empenho de dedicados seareiros do Bem, tornando-se pontes para o entendimento entre os grupos litigantes.

O espectro da fome vigia as nações tecnológica e economicamente menos aquinhoadas, ameaçando de extermínio larga fatia da população terrestre, não se considerando os milhões de indivíduos que, sobrevivendo à calamidade, permanecerão com seqüelas inamovíveis.

A violência urbana, por todos conhecida, atinge níveis quase insuportáveis. E apesar do sacrifício de legisladores abençoados pelo mundo espiritual superior, cada dia faz-se mais agressiva e hedionda, sem arrolarmos os prejuízos dos fatores pretéritos que desencadearam através dos impositivos restritivos à liberdade individual e das massas.

Não podemos negar que este é o grande momento de transição do *mundo de provas e de expiações* para o *mundo de regeneração*. Trava-se em todos os segmentos da sociedade, nos mais diferenciados níveis do comportamento físico, mental e emocional, a grande batalha.

O Espiritismo veio para estes momentos, oferecendo os nobres instrumentos do amor, da concórdia, do perdão, da compaixão. Iluminou o conhecimento terrestre com as diretrizes próprias para o encaminhamento seguro na direção da verdade. Ensejou à filosofia uma visão mais equânime e otimista a respeito da vida na Terra. Facultou à religião o desalgemar das criaturas humanas, arrebentando os elos rigorosos dos seus dogmas e da sua intolerância, a fim de que viceje a fraternidade que deve viger entre todas as criaturas. Cabe a todos nós, aos espíritas encarnados e aos Espíritos-espíritas, a tarefa de ampliar as balizas do Reino de Deus entre as criaturas da Terra.

Divulgar o Espiritismo por todos os meios e modos dignos ao alcance é tarefa prioritária. A dor é colossal neste momento no mundo terrestre... E o Consolador distende-lhe as mãos generosas para enxugar as lágrimas e os suores de todos aqueles que sofrem, mas sobretudo, para eliminar as causas do sofrimento, erradicando-as por definitivo...

E essa tarefa cabe à educação. Criando nas mentes novas o pensamento perfeitamente consentâneo com o Evangelho de nosso Senhor Jesus Cristo, retirando as anfractuosidades teológicas e dogmáticas com que o revestiram, produzindo arestas lamentáveis geradoras de atritos e de perturbações.

Não é possível mais postergar o momento da iluminação de consciência. E o sofrimento que decorre da abnegação e do sacrifício que nos deve constituir estímulos são os meios únicos e eficazes para que seja demonstrada a excelência dos paradigmas e dos postulados da Codificação Espírita.

As criaturas humanas estão decepcionadas com as propostas feitas pelo utopismo que governa algumas mentes desavisadas. Mulheres e homens honestos encontram-se sem rumo, cansados de palavras ardentes e de propostas entusiastas, mas vazias de conteúdo e de significação.

O Espiritismo, meus filhos, é a resposta do Céu aos apelos mudos ou não formulados mentalmente sequer, de todas as criaturas terrestres. Estais honrados com a bênção do conhecimento libertador.

Estais investidos da tarefa de ressuscitar a palavra da Boa Nova, amortalhada pela indiferença ou sob o utilitarismo apressado dos que exploram as massas inconscientes, conduzindo-as para o seu sítio de exploração e de ignorância. Vós recebestes o chamado do Senhor para preparar a terra, a fim de que a ensementação da verdade faça-se de imediato.

Unidos, amando-vos uns aos outros, mesmo quando discrepando em determinadas colocações de como fazer ou quando realizar, levai adiante o propósito de servir ao Mestre antes que o interesse de cada qual servir-se a si mesmo. Já não há tempo para adiarmos a proposta de renovação do planeta. Conhecemos as vossas dificuldades pessoais, sabemos das vossas lutas íntimas e identificamos os desafios que se vos apresentam amiúde, testando-vos as resistências morais.

Não desfaleçais! Os homens e as mulheres, a serviço do bem com Jesus, são as suas *cartas vivas* à Humanidade, a fim de que todas as criaturas leiam nas suas condutas o conteúdo restaurado do Evangelho, as colocações seguras dos Imortais e catalogadas pelo insigne mensageiro Allan Kardec.

Uma nova mentalidade, uma mentalidade nova vem surgindo nos arraiais do Movimento Espírita. Cada lutador compreende a necessidade de mais integrar-se na atividade doutrinária, a fim de que com mais rapidez se processe a era de renovação social e moral preconizada pelo preclaro mestre de Lyon.

Não vos faltam os instrumentos próprios para o êxito, a fim de que areis as *terras do coração* humano, para que desbraveis as *províncias das almas* terrestres, porfiando nessa ação, sem temerdes, sem deterdes o passo e sem retrocederdes.

Estais acompanhando Jesus que, à frente, continua dizendo: "Vinde pois a mim, vós todos que estais cansados e aflitos, conduzindo o vosso fardo e sob as vossas aflições, comigo esse fardo é leve e essas aflições são consoladas, porque eu vos ofereço a vida plena de paz e de felicidade".

Avancemos, pois, filhos da alma! Corações em festa, embora as lágrimas nos olhos; passo firme, inobstante os *joelhos desconjuntados*, Espírito ereto, não obstante o peso das necessidades. O Senhor, que nos ama, é nossa força e garantia de êxito. Nunca vos faltarão os recursos próprios, que vindes recebendo e que recebereis até o momento final e depois da jornada cumprida, para que desempenheis a missão que vos diz respeito hoje e quando a tivestes em épocas transatas e falhastes...

Já não há tempo para enganos. A decisão tomada precede a ação da vitória, e com o amor no sentimento, o conhecimento na mente, tereis a sabedoria de permanecer fiéis até o fim. Que o Senhor de Bênçãos vos abençoe, amados filhos da alma.

São os votos dos vossos amigos espirituais que aqui estão convosco e do servidor humílimo e paternal de sempre,

BEZERRA

MENSAGEM PSICOFÔNICA RECEBIDA PELO MÉDIUM DIVALDO PEREIRA FRANCO, NO ENCERRAMENTO DA REUNIÃO DO CONSELHO FEDERATIVO NACIONAL, EM 21 DE NOVEMBRO DE 2004, NA FEDERAÇÃO ESPÍRITA BRASILEIRA, EM BRASÍLIA-DF.

45 Oração

Senhor!

Antes de agradecermos, desejamos prosseguir pedindo.

Invariavelmente, as rogativas da Terra são direcionadas ao teu coração, suplicando em favor dos que sofrem. Permite-nos pedir-te, neste momento, por aqueles que promovem o sofrimento.

É comum que te roguemos pelos que são perseguidos, agora desejamos suplicar-te pelos perseguidores.

A grande maioria pede pelos que passam fome, e nós queremos rogar a tua magnanimidade em favor dos fomentadores da miséria.

Há muita dor no mundo e o nosso coração compadece-se daqueles que, na sua alucinação, geram todas essas desditas que se acumulam na psicosfera terrestre.

A violência alcança índices quase insuportáveis de dor, e é por isso que te suplicamos pelos adeptos da agressividade que se comprazem em desencadear os conflitos e as dores acerbas.

Tu conviveste com a massa ignara; transitaste entre os poderosos de um momento; lecionaste o teu amor dirigido aos infelizes de todo jaez e não olvidaste de pedir ao Pai que perdoasse aqueles que te não compreendiam, porque, de fato, eles não sabiam o que estavam fazendo.

Voltamos a pedir, humildemente, compaixão para os que perderam a direção da verdade, intoxicando-se na prepotência, na presunção, em todos esses hábitos infelizes da personalidade enferma.

Dá-lhes, Jesus, a chance de despertar para compreender que a existência transitória na carne tem por finalidade a construção do bem.

Não temos outras palavras senão aquelas que aprendemos contigo, assinaladas pela compaixão, pelo amor, pela misericórdia que vertem de nosso Pai. Então, recebe a guirlanda de flores dos nossos sentimentos em forma de gratidão, pela honra imerecida de conhecer-te, de termos aceito o teu convite para que pudéssemos trabalhar na tua seara.

Mas ajuda-nos a ser escolhidos quando terminarmos o labor momentaneamente em nossas mãos. Permanece conosco ensementando amor nas vidas, mas libertando nossa vida das amarras hediondas que nos mantêm no primarismo que nos leva às defecções morais.

Sê conosco, portanto, Mestre, hoje e sempre, para que não desfaleçamos na luta porque, se contigo assim estamos, sem Ti o nosso será o fracasso irrefragável.

Porfiai, filhos da alma, nos vossos compromissos! Reconhecemos que são, estes, dias muitos difíceis. Mas estais equipados dos instrumentos hábeis para os enfrentamentos típicos do cristão. Não vos iludais com as quimeras nem as facécias do momento. Sede fiéis a Jesus, que nos tem sido fiel até agora.

Muitas vezes, ver-vos-eis envoltos por dificuldades e enfrentareis desafios que parecem insuperáveis. Confiai em Jesus e observareis que com Ele tudo se resolve, enquanto sem Ele as dificuldades são intransponíveis.

Vencereis o egoísmo, conquistareis a paz interior e triunfareis porque esta é a destinação de todos nós que viajamos no rumo da liberdade total.

Que Deus vos abençoe!

Com carinho, o servidor humílimo e paternal de sempre,

BEZERRA

Muita paz, meus filhos!

ORAÇÃO PROFERIDA ATRAVÉS DE DIVALDO PEREIRA FRANCO, POR VIA PSICOFÔNICA, NO ENCERRAMENTO DA REUNIÃO DO CFN, EM 12 DE NOVEMBRO DE 2005 – BRASÍLIA-DF.

46 O sal da Terra

Filhos da alma, que Jesus nos guarde na sua paz.

Sois o sal da Terra e deveis preservar-lhe o sabor.

O Espiritismo, na atualidade, oferece-nos Jesus de retorno, conforme os padrões da Cultura, da Ciência e da Tecnologia. Ensejando a compreensão dos deveres da criatura humana perante si mesma, o seu próximo e o Pai Criador, o Espiritismo equipa-nos de instrumentos hábeis para a construção do mundo novo pelo qual todos aspiramos.

Vivemos o momento da renovação social prevista pelo emérito Codificador, como sendo a etapa última que o Espiritismo vivenciaria na Terra, inaugurando o mundo de regeneração. Para que isso pudesse acontecer, compreensivelmente, as dores atingem graus superlativos, convidando a criatura desatenta à responsabilidade a respeito do seu destino na Terra.

Fez-se necessário que os disparates tomassem conta da cultura, entorpecendo-a ou agredindo-a vilmente, a fim de que possa experimentar a renovação ético-moral que se lhe faz imprescindível.

A vós, que sois *o sal da Terra*, cabe a tarefa de desenvolver este postulado doutrinário de renovação do mundo, iniciando essa renovação em vós próprios, trabalhando os metais do mundo íntimo para que se tornem maleáveis ao amor e nele insculpam a promessa de Jesus de que a felicidade, não sendo deste mundo, pode ser alcançada através dele.

Enfrentais no momento dificuldades que se multiplicam. Tendes pela frente desafios inumeráveis. Lobos vestem-se de ovelhas para ameaçarem o rebanho.

Permanecei vigilantes como estais demonstrando, a fim de passarmos às gerações do futuro a Doutrina dos Espíritos na pulcritude e nobreza com que a recebemos de Allan Kardec e dos mensageiros que a compuseram.

A vós, sob a inspiração dos guias espirituais do Movimento Espírita na Terra, está destinada a tarefa infatigável de porfiar no bem, de exercitar a compaixão e a caridade, mas não ser conivente, em nome da tolerância, com o erro nem com o crime.

Chega o momento de levar a mensagem espírita a todos quantos a ignoram, utilizando-se dos notáveis instrumentos que a tecnologia de ponta coloca ao vosso alcance. Não temais aqueles que se apresentam como ameaças, porque o seu poder relativo é transitório. Tendes a inspiração de Jesus que prossegue com todos e, particularmente, inspirando aqueles que sintonizam com a sua palavra de libertação.

Sem dúvida, o Espiritismo é a Ciência que investiga, que demonstra, que comprova. É a Filosofia que explica, elucidando os enigmas do conhecimento humano. Mas é a Religião que ata as criaturas umas às outras e ao Senhor da Vida através de Jesus: o Caminho para a Verdade, o Caminho para a Vida! Espiritismo sem Jesus é proposta multifacetada e bela, cuja alma perde a vitalidade. Por isso que Jesus, sendo *o ser mais perfeito que Deus ofereceu à criatura humana para servir-lhe de modelo e guia*, prossegue como sendo a nossa meta a atingir.

Sede-lhe fiéis, queridos filhos da alma. Não vos compreenderão os discutidores sistemáticos que se propõem à substituição daquele que é o nosso modelo por outros que não suportam as lutas nem o crivo severo da razão.

Tende misericórdia desses contendores que se utilizam de quaisquer instrumentos para afligir-vos. Mantende na mente que não são muito diferentes estes daqueles dias em que Ele aqui esteve conosco. O farisaísmo prossegue com outras rotulagens. Os saduceus permanecem negando a vida triunfante sobre a relatividade do mundo transitório da matéria. Sacerdócios, organizados ou não, apresentam as suas propostas utilitaristas, combatendo aqueles que pretendem o Reino de Deus fora das fronteiras terrestres.

Cabe-vos a permanência no empreendimento. Malsinados, perdoando. Perseguidos, mantendo misericórdia.

Esses fenômenos, que objetivam dificultar a marcha do bem, são, muitos deles, provocados pelos desencarnados infelizes, que ainda se comprazem em criar embaraços à divulgação do Cristo Vivo e da sua Mensagem pura e enobrecedora.

Vigiai, portanto, *as nascentes do coração*, mantendo-vos unidos. Em união dispondes de resistência para qualquer evento perturbador. Em fragmentação, sereis vencidos, um após o outro, inutilizando o trabalho do bem, embora temporariamente...

O escândalo ocorre, mas que não seja por vosso intermédio. Mantende fidelidade à fé libertadora que abraçais com a qual vos comprometestes antes do mergulho na indumentária carnal. Não é esta a primeira vez que tomais conhecimento com a Doutrina libertadora. Repetis a experiência de iluminação espiritista em face de algum malogro em dias não muito distantes.

Tomai agora a chama que aquece e ilumina, e levai-a na imensa corrida pelo Reino de Deus, para a entronizardes no lugar em que deve brilhar, conforme a velha parábola da luz colocada no lugar próprio. Tendes compromisso com a Terra sofrida, a generosa Mãe que nos tem albergado inúmeras vezes. Porém, lutando, não utilizeis das armas de destruição, e sim daquelas que edificam e dignificam a criatura humana.

Não vos faltarão os recursos próprios à vitória sobre as paixões inferiores. E, a longo prazo, a vitória sobre as circunstâncias negativas que predominam, por enquanto, nos arraiais terrestres.

Vossos amigos espirituais aqui conosco abraçam-vos, contando com o vosso trabalho de abnegação e de entrega, tornando este que vos fala, instrumento do seu carinho, da sua gratidão e da sua ternura.

Ide, pois, em paz, como os Setenta da Galiléia, preparando caminhos para que logreis fazer do solo a terra generosa e ubérrima para ensementação do Reino de Deus.

Muita paz, meus filhos!

Que o Senhor de bênçãos nos abençoe e nos despeça.

São os votos do servidor humílimo e paternal de sempre,

Bezerra

Mensagem psicofônica recebida pelo médium Divaldo Franco no encerramento da Reunião Ordinária do Conselho Federativo Nacional, em 13 de novembro de 2005.

47 Vivência do amor

Meus filhos:

Que o Senhor nos abençoe e nos guarde na sua paz.

A reencarnação, a nobre fiandeira dos destinos, promovendo o Espírito, etapa a etapa, faculta-lhe a conquista da plenitude, herdando de cada experiência os atavismos que devem ser superados no processo da evolução.

Repetimos, não poucas vezes, as experiências malsucedidas, revivendo os mesmos equívocos de que nos deveríamos libertar face à oportunidade de progresso. Em razão disso, encontramo-nos, não poucas vezes, aturdidos ante a mirífica luz do Evangelho e as amarras em que a consciência permanece atada ao passado de sombras.

O egoísmo, esse vírus perturbador do processo de libertação, propõe, então, através dos caprichos que sejam trazidos de volta, esses infelizes fenômenos que não foram totalmente liberados. É por isso, meus filhos, que ainda hoje, graças ao sublime contributo da Doutrina Espírita, aturdimo-nos, procurando avançar sem a liberdade de alçar vôos mais amplos porque as lembranças do ontem os jungem às situações perniciosas que nos marcaram profundamente.

Tende, porém, a coragem de viver a madrugada nova, de assumir a decisão de desatar-vos dos laços perversos que vos retardam a marcha, no avanço pelas iluminados pelo conhecimento libertador, necessitais de o vivenciar através dos exemplos que o amor proporciona em evocação da incomparável figura de Jesus Cristo.

O Mestre, exemplo máximo de conhecimento, por haver sido o Construtor do nosso planeta com seus nobres arquitetos, não olvidou a experiência do amor, oferecendo aos infelizes que não podiam discernir o alimento que atendesse à fome orgânica, o socorro à enfermidade, a dádiva de compaixão em relação às heranças das existências passadas. Por isso, multiplicou pães e peixes, porque a multidão tinha fome, levantou paralíticos, restituiu luminosidade aos olhos apagados, desatou línguas amarradas na mudez, abriu ouvidos moucos à melodia da vida, ensejou a cicatrização das chagas purulentas, mas também retirou a hanseníase moral que os Espíritos carregavam, a fim de não retornarem aos mesmos processos depurativos, propondo que fizéssemos tudo isso em sua memória, restaurando-lhe os ensinamentos sublimes e as práticas inolvidáveis.

O Espiritismo chega à consciência terrestre para servir de ponte entre as diferentes ciências, iluminando-as com a fé racional, mas ao mesmo tempo, oferecendo o contributo sublime da caridade fraternal em todas as formas como se possa expressar. Não vos esqueçais, portanto, nunca, em vosso ministério de libertação de consciências, da vivência do amor.

Avançai no rumo do progresso estendendo, porém, a mão generosa e o coração afável àquele que se encontra na retaguarda, necessitado de carinho e de ensejo iluminativo. Dai-lhe o pão, mas também a luz, na verdade, oferecei a informação doutrinária para demonstrar-lhe quanto vos faz bem esse conhecimento, em face das transformações morais para melhor, que vos impusestes, logrando os primeiros êxitos...

Este é o grande momento da transição, e todos enfrentaremos dificuldades. Vós outros, principalmente, em razão dos compromissos elevados, experimentareis as dores talvez mais acerbas no cerne da alma, por meio de traições inesperadas, de enfermidades não avisadas, de solidão. E sem nenhum apoio aos sentimentos masoquistas, agradecei a Deus a bênção do resgate, enquanto vossas mãos estiverem segurando a charrua e lavrando a terra dos corações para ensementação da verdade.

Não desanimeis, nunca! O instante mais perturbador da noite é também o instante que abre o leque de luz na direção da alvorada. Permanecei fiéis à proposta que herdastes do egrégio Codificador do Espiritismo, sendo companheiros uns dos outros em nosso Movimento Espírita, preparando-vos para a lídima fraternidade no organismo social tumultuado da Terra dos vossos dias.

Jesus, meus filhos, inspira-nos, segue conosco.

Embora pareça que a sociedade marcha para o caos, o Grande Nauta conduz com segurança a *barca* da Terra e sabe que esses acidentes na lei do progresso não conseguem impedir o desenvolvimento intelecto-moral das suas criaturas.

Iluminai as vossas consciências, portanto, e amai até sentirdes plenamente a presença do Amor não amado...

Que o Senhor de bênçãos continue abençoando-nos são os votos que vos faz o servidor humílimo e paternal de sempre,

BEZERRA

MENSAGEM PSICOFÔNICA, RECEBIDA PELO MÉDIUM DIVALDO PEREIRA FRANCO, NO ENCERRAMENTO DA REUNIÃO DO CFN, EM 12 DE NOVEMBRO DE 2006, NA FEDERAÇÃO ESPÍRITA BRASILEIRA-DF.

48 Instalação da Era Nova

Alegrai-vos, vós que chorais. Tende confiança, mantendo o ânimo, para seguir sem desalento, voltado para o bem inefável e para o amor incondicional.

Jesus — meus filhos — é o nosso caminho, levando-nos à verdade e vida. Estais informados de como proceder diante de penosas injunções. Não busqueis orientações e diretrizes porque já tendes no Amor, o perdão.

Perdoai sempre e incessantemente, amando os crucificadores para que todos saibam que sois discípulos do Mestre vitorioso da cruz.

Inaugura-se Era Nova. A Revelação Espírita abre o ciclo de realizações grandiosas para o porvir. Fostes honrados com convite do Mestre Jesus para vos constituirdes no alicerce da Era Nova. Entregai-vos à sua condução e nunca vos deixeis recuar, estacionar, ceder o passo na estrada do bem.

Esta é a hora de semeardes Luz. Ide, pois, como aqueles setenta da Galiléia preparar os caminhos, porque o Senhor está chegando à Terra para proclamar a glória do Espírito

Imortal! Ide por todas as partes e falai a respeito de Allan Kardec, a quem homenageamos neste dia de encerramento do 2º Congresso Espírita Brasileiro.

Convidado pelos Espíritos espíritas do Brasil para que presidisse este evento, o nobre Codificador aquiesceu e com as falanges do Espírito da Verdade, está conosco.

Acompanhara-nos neste novo ciclo que se abre, até o momento quando o mundo de regeneração se encontre instaurado e instalado na Terra.

Que Jesus nos abençoe, filhos d'alma e que a paz que deflue da consciência tranqüila permaneça em vossos corações. Com carinho de vossos companheiros que vos precederam no retorno ao grande lar, através do servidor humílimo e paternal de sempre,

Bezerra
Muita Paz.

Psicofonia do médium Divaldo Pereira Franco no II Congresso Espírita Brasileiro. Brasília-DF – 15 de abril de 2007.

49

Conquistas e responsabilidades

Filhos da alma:

Abençoe-nos, Jesus, o Amigo Incomparável de nossas vidas.

Depois da vitória, na ponte Mílvia sobre o Tibre, nos arredores de Roma, Constantino, inspirado, asseverou, pelo psiquismo de Jesus, o Cristianismo nascente iniciava uma página diferente. Porquanto, no dia 13 de junho daquele ano de 313 em Milão, o imperador abriu as portas do império romano para a tolerância à mensagem de Jesus.

A grande vitória dos mártires alcançava o patamar da liberdade, no entanto, pode-se assinalar que, naquele momento, iniciavam-se também as grandes dificuldades para a vivência do Evangelho pulcro do Incomparável Amigo dos sofredores.

Lentamente, a doutrina dos perseguidos converteu-se na política ingrata dos perseguidores.

Os velhos santuários dedicados aos deuses aformosearam-se para converter-se em catedrais, em homenagem àquele que não tinha uma pedra para reclinar a cabeça, embora as aves dos céus tivessem seus ninhos e as feras os seus covis.

A seguir, a doutrina de amor uniu-se ao temporário poder da arbitrária política terrestre, sentando-se no trono dos governantes insensatos e perversos...

Logo surgiram as dissensões, asfixiadas a ferro e fogo, consideradas heresias que deveriam ser caladas a qualquer preço, culminando na heresia condenada por Justiniano, no segundo Concílio Ecumênico de Constantinopla, em 553, tornando as doutrinas de Orígenes como sendo de natureza herética, assim, amordaçando na sua loucura a mensagem dos renascimentos, que demonstra a divina justiça.

Posteriormente, vieram as lamentáveis Cruzadas, coroadas pela hediondez do Santo Ofício, da Inquisição e da terrível treva que dominou o pensamento terrestre...

Com Martinho Lutero renasceu a esperança do Evangelho desvelado, sem a imposição teológica dos seus intérpretes apaixonados e fanáticos. Era o primeiro grande passo para que chegasse o Espiritismo e o silêncio aparente das sepulturas arrebentasse-se, propiciando aos imortais cantar o hino glorioso da perpetuidade da vida, exaltando o amor, a caridade e tentando restaurar a beleza inconfundível das palavras de Jesus.

Não faltaram perseguições e apodos, cárceres e as fogueiras da maldade, para que hoje os espíritas de grande parte do mundo possam cantar a liberdade que têm conquistado, passo a passo, com lágrimas, com dores acerbas ante as incompreensões indescritíveis, testemunhando a excelência da fé...

Por certo, filhos amados, muitos de vós pertencestes àquela grei que, ao lado de Constantino, abriu a porta da tolerância a Jesus no império romano.

Conseguis, agora, repetir a grande façanha do Evangelho, na sua visão libertadora, graças ao Espiritismo, sendo tolerado em diferentes partes do orbe. No entanto, se isto significa vitória, como sem dúvida o é, também representa um grande perigo que pode transformar-se em dominação de consciências, em atitudes arbitrárias, em governança enganadora.

Tende tento! Mantende-vos unidos, unificados ao ideal da verdade. Conservai-vos coesos e fiéis à Codificação, que é o pilotis básico sobre o qual erguereis o templo da fraternidade universal.

Mantende a tolerância sem conservardes a conivência.

Trabalhai pela divulgação da verdade, sem conúbios com os interesses das vitórias do mundo.

Sede solidários a tudo e com todos, sem aceitardes as imposições do erro, do crime, do disfarce, negando a presença de Jesus em vossa conduta.

Estamos construindo para o futuro.

Aqueles que vos precedemos, tornando-nos espíritos-espíritas, caminhamos convosco neste difícil ministério.

Não ignoramos as dificuldades que vos assinalam a marcha, percebemos as interferências infelizes do passado pessoal e dos inimigos do Bem. Não vos esqueçais, porém, da vigilância, nem da oração.

Cristo vela e comanda a barca terrestre, na condição de Nauta sublime, e conta convosco, como colaboradores, para que a mensagem de amor e paz, de sabedoria e de libertação, não seja confundida com os ouropéis mentirosos do mundo, nem com as vanglórias que se diluem ao Sol da verdade com a alegria do amanhecer...

As vitórias logradas constituem responsabilidades a mais.

Cada passo dado amplia as fronteiras do serviço, exigindo-vos mais dedicação e sacrifício.

Uni-vos, amai-vos, ajudai-vos!

Estes dias de luz assinalam a era da perene claridade para todo o mundo.

Ide, pois, amigos da alma, filhos do coração, levando Jesus ao mundo e sendo felizes mesmo quando incompreendidos, malsinados ou sofridos, porque o Reino ainda não é deste mundo e para conquistá-lo é necessário que vençais o mundo e as suas paixões.

Esta é a nossa mensagem em nome dos Mentores das diferentes pátrias aqui reunidas, utilizando-se do humílimo servidor paternal e amigo de sempre,

Bezerra

Mensagem psicofônica recebida pelo médium Divaldo Pereira Franco durante a 12ª Reunião do Conselho Espírita Internacional – CEI, em Cartagena de Índias, Colômbia, no dia 14 de outubro de 2007, após o encerramento do 5º Congresso Espírita Mundial.

50 Sem adiamentos

Filhos da alma:

Que Jesus nos abençoe!

Aqueles dias, assinalados pelo ódio e pela traição, pelo desbordar das paixões asselvajadas pelo crime e a hediondez, eram as bases sobre as quais as forças conjugadas do Mal iam erigir o seu quartel de destruição do Bem.

Veio Jesus e gerou uma nova era centrada no amor. Vinte séculos depois, apresentavam-se as criaturas em condições quase equivalentes. É certo que, nesse ínterim, houve um grande desenvolvimento tecnológico e científico, e o progresso colocou fronteiras que se abriam para o futuro, mas as lutas eram tirânicas entre o materialismo e o espiritualismo.

Então veio Allan Kardec e, com a caridade exaltando o amor do Mestre, proporcionou à Ciência investigar em profundidade o ser humano, identificando-lhe a imortalidade, a comunicabilidade, a reencarnação do Espírito, que é indestrutível.

Cento e cinqüenta anos depois, as paisagens terrestres encontram-se sombreadas por crimes equivalentes aos referidos, que não ficaram apenas no passado, e o monstro da guerra espreita sorrateiro nos pontos cardeais do planeta, aguardando o momento para apresentar-se destruidor, como se capaz fosse de eliminar o Bem, de destruir a Vida.

Neste momento, a Doutrina Espírita, sintetizando o pensamento de Cristo nas informações da sua grandiosa filosofia centrada na experiência dos fatos, apresenta a Era da Paz, proporcionando a visão otimista do futuro e oferecendo a alegria de viver a serviço do Bem.

Vivemos os momentos difíceis da grande transição terrestre. As dificuldades multiplicam-se e a cizânia homizia-se nos corações, procurando gerar divisionismos e partidos que entrem em conflagração com caráter destruidor. O ódio, disfarçado na indumentária da hipocrisia, assenhoreia-se das vidas, enquanto a insensatez estimula os instintos não superados, para que atirem a criatura humana no charco das paixões dissolventes onde pretendem afogá-la.

Mas é neste momento grave que as luzes soberanas da verdade brilham no *velador* das consciências, conclamando-nos a todos, desencarnados e encarnados, a porfiar no bem até o fim. Não são fáceis as batalhas travadas no íntimo, mas Jesus não nos prometeu facilidades. Referiu-se mesmo à espada que deveria separar o bem do mal, destruir a iniqüidade para salvar o iníquo. Os desafios que se multiplicam constituem a grande prova através da qual nos recuperamos dos delitos graves contra nós mesmos, o nosso próximo, a sociedade, quando pervertemos a mensagem de amor inspirados pelos interesses vis a que nos afeiçoávamos.

Agora é o grande instante da decisão. Não há mais lugar para titubeios, para postergarmos a realização do ideal. Já compreendemos, juntos, que os denominados dois mundos são apenas um mundo em duas vibrações diferentes. Estão perfeitamente integrados no objetivo de construir um outro mundo melhor e fazer feliz a criatura humana.

Demo-nos as mãos, unidos, para que demonstremos que as nossas pequenas diferenças de opinião são insuficientes para superar a identificação dos nossos propósitos nos *paradigmas doutrinários* em que firmamos os ideais.

Demo-nos as mãos, para enfrentarmos a onda de *homicídios legais* nos disfarces do aborto, da eutanásia, do suicídio, da pena de morte que sempre buscam a legitimação, porque jamais serão morais.

Empenhemo-nos por viver conforme as diretrizes austeras exaradas no Evangelho e atualizadas pelo Espiritismo. Jesus, meus filhos, encontra-se conduzindo a nau terrestre e a levará ao porto seguro que lhe está destinado.

Disputemos a honra de fazer parte da sua tripulação, na condição de humildes colaboradores. Que o sejamos, porém, fiéis ao comando da sua dúlcida voz. Não revidar mal por mal, não desperdiçar o tempo nas discussões infrutíferas das vaidades humanas, utilizar esse patrimônio na edificação do Reino de Deus em nós mesmos, são as antigas-novas diretrizes que nos conduzirão ao destino que buscamos.

Estes são dias tumultuosos! Se, de uma forma, viveis as alegrias dos avanços do conhecimento científico e tecnológico, desfrutais das comodidades que proporcionam ao lado de centenas e milhões de Espíritos sofridos anatematizados pela enfermidade, pela fome, pela dor, quase esquecidos, também são os dias de acender a luz do amor em vossos corações, para que o amor distenda as vossas mãos na direção deles, *os filhos do calvário*. Mas não apenas deles, como também dos *filhos do calvário* no próprio lar, na Casa Espírita, na oficina de dignificação pelo trabalho, no grupo social...

Em toda parte Jesus necessita de vós, para falar pela vossa boca, caminhar pelos vossos pés e agir através das vossas mãos. Exultai, se incompreendidos. Alegrai-vos, se acusados. Buscai sorrir, se caluniados ou esquecidos dos aplausos terrestres. As vossas condecorações serão as feridas cicatrizadas na alma que constituirão o passaporte divino para, depois da grave travessia, entrardes no grande lar em paz.

Ide, pois, de retorno às vossas lides e amai. Levai Jesus convosco e vivei-o. Ensinai a todos a doutrina de libertação e dela fazei a vossa bússola.

Na ampulheta das horas o tempo continua inexoravelmente sem tempo para adiamentos. Vigiai orando e amai servindo.

Que o Senhor de bênçãos nos abençoe, filhos da alma, é a súplica que faz o servidor humílimo e paternal de sempre,

Bezerra

Mensagem psicofônica recebida pelo médium Divaldo Pereira Franco ao final da Reunião do Conselho Federativo Nacional da FEB, no dia 11 de novembro de 2007, em Brasília-DF.

Registros bibliográficos de outras atividades desenvolvidas por Bezerra de Menezes

1 Obras escritas por Bezerra de Menezes quando encarnado

– *A casa assombrada.*

– *A loucura sob novo prisma.* Editora FEB.

– *Uma carta de Bezerra de Menezes.* Editora FEB.

2 Obras mediúnicas ditadas por Bezerra de Menezes

Médium: Yvonne A. Pereira

– *A tragédia de Santa Maria.* Editora FEB.

– *Dramas da obsessão.* Editora FEB.

3 Obras mediúnicas ditadas por outros Espíritos

Médium: Francisco Cândido Xavier

Espírito André Luiz

– *Obreiros da Vida Eterna*: capítulos 8, 11, 12 e 19. Editora FEB.

– *Ação e reação*: capítulo 11. Editora FEB.

Espírito Humberto de Campos (Irmão X)

– *Brasil, coração do mundo, pátria do Evangelho*: capítulos 22 e 23. Editora FEB.

– *Lázaro Redivivo*: capítulo 42. Editora FEB.

Espírito Irmão Jacob

– *Voltei*: capítulos 3, 6, 7, 12 e 20. Editora FEB.

Médium: José Suriñach

Espírito Lídia

– *Lídia*: capítulo 21. Editora FEB.

4 Obras não-mediúnicas

Autor: Antonio Lima

– *Vida de Jesus*. Item: A Terra da promissão. Editora FEB.

Autor: Duílio Lena Bérni

– *Brasil, mais Além*: capítulo 22. Editora FEB.

Autor: Newton Boechat

– *Ide e pregai...* Item: Um pouco de Dr. Bezerra de Menezes. Editora FEB.

Autor: Sylvio Brito Soares

– *Vida e obra de Bezerra de Menezes*. Editora FEB.

Autora: Yvonne A. Pereira

– *Devassando o Invisível*: capítulos 2, 3, 4 e 6. Editora FEB.

– *Nas telas do Infinito*: capítulo 1.

– *Recordações da mediunidade*: capítulo 9. Editora FEB.

Autor: Zêus Wantuil

– *Grandes espíritas do Brasil*. Editora FEB.

Produção Editorial:
Rosiane Dias Rodrigues

Projeto Gráfico, Capa e Diagramção:
Fatima Agra

Normalização Técnica:
Biblioteca de Obras Raras e Documentos Patrimoniais do Livro

Esta edição foi impressa pela Gráfica arvato Bertelsmann, Osasco, SP, com tiragem de 2,5 mil exemplares, todos em formato fechado de 140x210 mm e com mancha de 100x165 mm. Os papéis utilizados foram o Lux Cream 70 g/m^2 para o miolo e o Cartão Ningbo Star C2S LD 300 g/m^2 para a capa. O texto principal foi composto em fonte Bembo Std 12/15 e os títulos em Bembo Std Italic 30/33. Impresso no Brasil. *Presita en Brazilo.*